2022

博物馆管理论文集

上　海　博　物　馆
中国博协博物馆管理专业委员会　编

上海书画出版社

前　言

2020 年以来，由"新冠"肺炎带来的危机席卷全球，亦对文物博物馆行业造成了不同程度的影响。根据国际博物馆协会 (ICOM) 的一项调查，在 106 个国家中，受"新冠"疫情的影响，有超过 80% 的博物馆减少了活动，12.8% 的博物馆可能会永久关闭。2021 年国际博物馆日主题为"博物馆的未来：恢复与重塑"，正是旨在探讨博物馆行业如何面对危局，引领变革。

在国内，新冠肺炎疫情发生后，全国文物系统积极作为，在国家文物局和中国博物馆协会的有力指导下，统筹推进新冠肺炎疫情防控和文博事业发展。根据疫情防控形势变化，各地文博单位稳妥推进有序复工和常态防控，并在实际工作中，为应对"疫情"带来的新情况积极探索公共文化服务的新做法、新举措。

与此同时，博物馆行业的深化改革方兴未艾，持续推进我国博物馆事业高质量发展已成为近年来的中心和热点。2021 年，九部委印发《关于推进博物馆改革发展的指导意见》，提出到 2035 年，中国特色博物馆制度更加成熟定型，博物馆社会功能更加完善，基本建成世界博物馆强国，为全球博物馆发展贡献中国智慧、中国方案。

在此"危""机"并存的大背景下，如何直面挑战，危中寻机，考验着每一个文博从业者的勇气与智慧。两年来，中国博物馆协会博物馆管理专业委员会秘书处收到一系列论文，着重讨论了在疫情常态化防控背景下，博物馆如何深入领会习近平总书记关于博物馆工作的重要论述，积极应对多重挑战，将以人民为中心的发展思想贯穿到建设管理、运营服务各方面全过程；如何贯彻落实《关于推进博物馆改革发展的指导意见》，不断完善博物馆管理体制，创新体制机制，释放发展活力。这其中既有宏观性的论述，也不乏精彩的个案研究，经中国博物馆协会博物馆管理专业委员会主任委员单位和副主任委员单位的共同商议，决定择优收录，编辑出版本论文集，以期更广泛地分享业内先进的理论研究与实践经验，更深入地探讨疫情后博物馆行业发展的新方向、新模式、新方案，提高博物馆科学化、精细化管理水平，着力推进博物馆治理体系和治理能力现代化。

《2022 博物馆管理论文集》编辑组
2022 年 10 月

目　录

后疫情时代故居纪念馆的重构与发展

——以上海孙中山故居纪念馆为例

上海孙中山故居纪念馆　　李　聪

摘要： 突如其来的新冠疫情给全国博物馆行业带来了巨大的冲击，同时也迫使博物馆行业对未来的发展模式不得不及时进行调整与转变。本文结合上海孙中山故居纪念馆疫情以来优化升级传统文化资源传播方式的尝试与实践，从技术跟进、需求引领和多领域合作三个方面，探讨"后疫情时代"故居纪念馆如何在数字化、年轻化以及多元化服务方面提升功能和价值，创新文化传播形式和发展模式，为大众提供更切合时代需求的文化服务和文化体验，打造纪念馆重构传统服务模式的新生态。

关键词： 博物馆　故居纪念馆　后疫情时代　数字化　年轻化

2020 年初，突如其来的新冠肺炎疫情，使全球各地的博物馆接连受到很大程度的影响。2020 年 5 月 18 日，国际博物馆日，联合国教科文组织发布了一份调查报告，报告显示疫情已使全球各类博物馆受到严重冲击。全球 8.5 万家博物馆和艺术机构中，13% 的博物馆可能会永久关闭[1]。在国内，疫情影响同样明显，博物馆接待参观人数和去年相比大大减少。甚至很多博物馆、纪念馆暂时闭馆。以上海孙中山故居纪念馆为例，根据疫情防控要求，每日游客最大承载量调整为往常的75%，并严格控制团队接待人数。疫情防控最紧张时，每日到馆参观人数仅有个位数。

这场疫情无疑给全球博物馆行业带来了巨大的威胁，同时也迫使博物馆、纪念馆对未来的发展方向及时进行调整与改变。来场馆参观的观众少了，不代表大众对纪念馆文化服务的需求少了，反而这种文化需求越来越多样化。面对困境与挑战，如何克服传统传播形式的局限，重构文化传播体系，促进纪念馆高质量发展，提升纪念馆功能和价值，成为名人故居纪念馆亟待思考和解决的问题。"后疫情时代"，纪念馆需要做的，是业务模式的转变，是技术驱动的转变，是多元化服务的转变，

[1] http://www.hongbowang.net/news/yj/2020-05-29/16595.html.

是从注重场馆建设到注重内容建设，从历史资源输出向引导大众互动交流、主动思考的转变。

一 技术迎合需求——纪念馆数字化发展

（一）博物馆数字化概念

博物馆数字化是指将先进的信息技术、计算机技术及互联网技术运用到文博工作的收藏、保管、研究陈列、教育、宣传等各个方面的工作中[1]。以博物馆实体资源为基础，以先进的技术为支撑，在信息网络平台上建立一个集陈列展示、历史研究、宣传与教育、数字产品开发等功能于一体的信息服务体系。简单来说，数字博物馆是实体博物馆在数字网络空间的再现和反映。

名人故居纪念馆数字化建设是适应时代发展的必然需求，是提高纪念馆管理水平，促进其自身发展的必然选择。

（二）数字化博物馆特点与优势

与传统实体博物馆相比较，数字博物馆具有信息虚拟化、资源数字化、传播网络化、信息共享化等特点，"是对实体博物馆职能的拓展和延伸"[2]。数字博物馆的优势主要表现在如下方面：

一是打破时空限制，扩大文化辐射面。数字博物馆突破了空间和时间的藩篱，参观者不受时间和地点的限制，可以随时随地在网络上进行参观、获取资源，同时又可以将参观感受或相关建议实时进行反馈[3]。这就为实体博物馆打开了另一扇窗口，加强了博物馆与社会公众的联系。

二是丰富教育研究活动，活化博物馆宣教形式。数字博物馆可借助互联网和数字技术的各种优势，改进传统线下宣教模式，进行丰富的线上宣教活动，使实体博物馆的教育功能得以充分发挥，使知识的学习更为方便和系统，同时扩大受教育人群。

三是创新陈展方式，激发观众的参观热情。数字博物馆通过丰富的收藏、高品质的展览和虚拟呈现的震撼场景，以及生动有趣的节目、活动等，进一步激发观众参观、体验真实博物馆的兴趣和愿望，进而扩大实体博物馆的社会影响力和辐射面。

[1] 朱中一. 浅析数字化博物馆与博物馆数字化的概念，功能及意义 [J]. 上海革命史资料与研究，2011, 00:616-623.

[2] 齐贤德，马琪，韩骏. 数字博物馆解决方案初探 [C]// 融合·创新·发展——数字博物馆推动文化强国建设——2013 年北京数字博物馆研讨会论文集. 中国文物学会；中国博物馆协会；北京数字科普协会；首都博物馆联盟，2013.

[3] 管东华. 数字化博物馆的展示和建设实践 [J]. 辽宁省博物馆馆刊，2017(00):240-247.

四是实现文物信息电子化，提高博物馆文物管理水平。传统的博物馆文物统计模式在不同程度上存在着藏品来源不清、业务档案保存不善、文物信息不完整等诸多问题。而电子信息技术的引入，可以促进各种文物资料的分类存储和数字化保存，藏品信息的查询和提取也更加便捷，提高了工作效率[1]。

（三）数字化应用分析

受疫情带来的直接影响，上海孙中山故居纪念馆日常参观和传统宣教形式受到了较大限制，为了继续满足社会文化需求，在数字文化展示、文物信息数字化管理方面，我们做了很多努力，取得了一些成果。简要介绍如下：

第一是基于传统参观模式的云参观。对于故居这一不可移动文物，我们采用360度虚拟全景技术，对故居内部的实景进行全方位、多角度的展示，并通过互动游览、重点文物介绍等新媒体传播技术，介绍故居故事和相关历史知识。对于场馆内布展的主题展览，我们利用虚拟现实技术，同步制作展览的 VR 线上参观版本，并结合当前非常受欢迎的直播形式，实现在家"云"观展。同时，在场馆内还设置有电子导览设施，每一个展柜上都有与文物一一对应的二维码，可以扫码听语音导览，使观众进入文物馆和故居以后能够各取所需地了解文物信息。此外，我们还在展厅里利用数字技术来展示重点藏品，并在馆内的影视设备播放区，滚动播放电视文献片及孙中山的影像、音频资料。

第二是数字化驱动下的文化服务项目升级。疫情之前，故居的特色宣教活动形式多为线下，依托馆内资源和场地开展。疫情后，经过了闭馆和限流，传统宣教形式的创新与升级迫在眉睫。基于对疫情常态化形势下宣教工作如何开展的思考，我馆开始打造线上精品项目。结合节日、重要时间点，制作发布"沪上过新年志愿者采访""元宵线上猜灯谜""印象 60 作品征集"等内容，丰富线上文化生活。恰逢今年是中国共产党成立 100 周年，辛亥革命 110 周年，在布展和学术交流方面，我馆先后推出了《为民族复兴而奋斗——孙中山与共产党人》和《辛亥革命 110 周年历史图片展》两个主题展览，并举办"孙中山与辛亥革命"线上青年论坛。为扩大展览的影响力和辐射面，线上持续更新 "微展览"，微信公众号同步推出"重点文物选介"和"孙中山与早期中国共产党人微故事"系列，以图片与文字相结合的方式，讲述重点文物背后的故事。

第三是基于电子信息技术的数字化管理。一方面结合数据分析优化纪念馆服务，比如，为了将疫情防控措施落实到位，对传统的售票系统进行改造，实现网站、微信、线下售票的分时段、全库存管理。另一方面是持续推进文物档案编制的数据采集工作，建立文物档案电子版，不断完善文物信息录入，规范文物日常管理工作。

---

[1] 纪远新 . 博物馆数字化建设 [J]. 科技传播，2010(21):3.

同时，根据工作需要，继续加强孙中山史料数据库建设工作。做好期刊书籍资料的日常编目整理工作，将馆藏孙中山宋庆龄研究论著文献书籍分门别类、编目上架。在文物征集方面，发布文物史料征集公告，以互联网平台为依托，扩大征集范围。电子信息技术的支持使纪念馆文物信息收集更加科学和规范。

二 紧跟时代潮流——纪念馆年轻化发展

近年来，文博热掀起了年轻一代对博物馆的兴趣。携程的博物馆线路预订数据显示："八零后"预订量占比最大，为 23.75%，"九零后"占比 15.84%[1]。我馆通过对观众留言进行收集整理和电子录入，发现留言者的年龄以学生群体为主，10—25 岁占 80%。年轻人有更加活跃的思维和站在时代前列的视角，博物馆无疑给年轻人提供了一片广阔的天地。

文物不仅是历史的见证也是文化的承载。纪念馆不仅能讲述历史的变迁，更能体现一个城市的文化底蕴和魅力。对于名人故居纪念馆来说，如何以开放的姿态发展改革，吸引更多的年轻人是需要思考的问题。纪念馆需要不断拓展让文物活起来的途径，深入挖掘文物的历史价值和新时代内涵，才能与时俱进，适应新时代发展特点。下面结合我馆年轻化发展的探索与实践，浅谈一些思考和分析。

（一）服务对象年轻化，探索馆校合作新模式

馆校合作指的是场馆与学校为实现共同的教育目的，相互配合而开展的教学活动。名人故居纪念馆等博物馆资源作为学校学科教育的有力补充，对于青少年的知识储备、学习技能、态度与价值观，以及在启发性和创新性方面都能起到一定的培养作用[2]。

伴随着博物馆行业的蓬勃发展，场馆的教育价值开始引起社会的广泛关注。但是，传统馆校合作的形式和内容以馆内参观和校内展览为主，缺乏完整科学的合作模式，无法使场馆资源利用达到最大化。所以探索一种以双向需求为导向，在双方互动中的科学、可行的合作模式是我们长期以来思考的方向。

作为具有红色资源的名人故居纪念馆，我馆馆校合作的出发点是：培养青少年传承中华民族优秀传统文化的优秀品质，增强对我国历史文化认同感、增强民族自信。希望能借助馆藏资源在青少年爱国主义教育方面贡献力量。在此背景下，我们就馆校合作的课程进行了调研与分析，工作重点在研发与实践环节，探索馆校合作新模式。通过邀请学校任课老师来馆参观并举行研讨会，吸取教学经验，了解学校

[1] https://baijiahao.baidu.com/s?id=1700086704805522115&wfr=spider&for=pc.

[2] 王乐，涂艳国 . 馆校协同教学：馆校合作教学模式的理论探索 [J]. 开放学习研究，2017(5):7.

需求，并撰写完成调研信息和调研报告。在调研的基础上，我们将学校学科内容中的相关知识与馆藏资源相结合，丰富课程的内容。比如，将学校"品德与社会"课程中的孙中山相关知识与我馆文物馆中的馆藏文物相结合，精心设计教学方案，采取讲解员与师生交流对话的现场教学模式，达到寓教于乐的教学效果。另一方面，通过研发爱国主义教育"慕课"项目，拍摄制作慕课视频，实现红色资源走出场馆，走进学校。

（二）传播形式年轻化——新媒体扮演的重要角色

新媒体技术是促进纪念馆自身发展和向大众传播知识的技术，是新时代背景下纪念馆发展所需要的宣传技术，更是纪念馆顺应时代潮流、实现年轻化发展的重要方式。年轻人对博物馆的着迷反映了他们热爱生活，追求更高的文化品位、审美情趣和精神世界的需求。纪念馆可以利用新媒体传播形式，把文博"玩"得更有趣，使年轻人的接受度越来越高，传播面越来越广，吸引更多追求精神生活的当代年轻人[1]。

我馆疫情以来的重点工作是融媒体平台的建设和发展。在平台建设方面，对于我馆已有的三大平台：微博、微信以及纪念馆官方网站，进行创新和优化。手机应用的开发基本实现了观众互动参观体验、近距离文物观赏、展馆信息查询、电子地图浏览等多项功能。官方网站全面升级改版之后，网站新增了"藏品精粹""文博快讯"等版块，相较改版前，网站内容更加丰富，界面更具亲和力，而且能实现网上预约、志愿者报名、文物捐赠等多项新的功能。社交功能强大的微信公众号和小程序担当了重要角色，我馆逐步开发了展览资讯、相关阅读、活动宣传功能，目前初步实现整体服务线上化。无论是纪念馆宣传、活动预约，还是与观众的在线交流，都能够通过微信实现。新媒体运营团队还可以充分利用对后台用户数据的分析制定或调整策略，积累经验，并不断完善传播机制。除了上述三大平台外，我们还积极推进年轻人更喜欢的新平台建设，如抖音、知乎、百家号等，尝试探索全方位一体化的新媒体矩阵。

在内容建设方面，我们聚焦于纪念馆动态信息、主要业务、宣教活动三个方面，一是通过新媒体平台发布疫情防控信息和场馆动态。疫情期间，我们及时在微信、微博平台发布闭馆公告，和"久等了""久违了"恢复对外开放系列内容，让公众第一时间了解场馆信息；策划发布"我们在行动——战'疫'中的你我他"系列微信推送，全方位展现疫情期间我馆的防疫措施和服务保障。二是及时发布活动信

[1] 张浩达，李丽.战略趋势与技术前瞻——"2012 地平线报告·数字博物馆"版解析 [C]// 融合·创新·发展——数字博物馆推动文化强国建设——2013 年北京数字博物馆研讨会论文集.中国文物学会；中国博物馆协会；北京数字科普协会；首都博物馆联盟，2013.

息。借助网络宣传方便、快捷的强大优势，在新媒体平台即时传播我馆宣传教育活动信息，包括各种宣教活动的报名通知和相关快讯、活动效果宣传互动以及节假日祝福等。三是配合主题展览打造"微"系列项目。这两年我们结合纪念馆布展的展览内容，设计编辑成微型展览，分期在微信平台上连载，推出的"微展览""微故事""重点文物介绍"等项目，将传统展览赋予年轻化的元素，吸引年轻人的目光。最后，兼具创意和实用性的文创产品是连结纪念馆和年轻观众的另一座桥梁。我馆结合馆藏资源，开发契合展览内容和具有故居特色的系列文创产品，并通过新媒体平台宣传介绍，让年轻人看得到、感兴趣。

（三）行业发展年轻化——青年队伍建设

不管是从博物馆行业的转型升级来看，还是从博物馆的年轻化发展来看，人才队伍建设都是非常重要的[1]。随着博物馆功能逐渐由管理转变为服务，文博行业需要重视对青年创新型专业技术人才的培养，让青年人真正参与进来，为场馆建设和发展提供新鲜思路，为文博事业贡献青春力量。

一是提高业务能力水平。通过开展导师带教结对子工作，对新进人员尽快掌握基本工作规程、基础业务技能和岗位要求，组织青年讲解员、研究人员进行相关业务知识培训，加强青年工作者的知识储备。多次选送讲解员参加市、区举办的讲解比赛活动，有效地提高了青年讲解队伍的综合素质与专业水平，调动了工作积极性和主动性，为纪念馆观众提供更高质量、高标准的讲解服务。

二是培养"研学"教育人才。突破青年工作者对自身角色的定位与认知，鼓励他们充分发挥自己的优势特长。通过策划、开展、参与青年论坛，让他们成为研学活动的策划者、主导者，培养专业技术综合能力。不断探索做好人才队伍建设工作的新思路、新方法。鼓励青年职工参加行业内学习交流活动，一起分享学习心得，培养青年人才的研究学习能力。

三是开展青少年社会教育活动和志愿者培训工作。从大中小学生抓起，承担起青少年成长过程中的教育补充角色，为将来吸引优秀人才投身博物馆事业，反哺文博行业打下基础。开展"红色故事少年说"等学生活动，招募小小讲解员，以文物馆常设展览为内容，拍摄系列视频。定期培训大学生志愿者，组织志愿者参与红色故事讲解比赛，让他们以参与者的身份加入到文博宣教工作中。

三　拓展社会功能——纪念馆服务多元化发展

国际博物馆协会第十一届哥本哈根会议通过的章程中明确指出："博物馆是一

---

[1] 夏萍 . 对新形势下上海文博人才队伍建设的思考 [J]. 上海鲁迅研究 ,2010(4):8.

个不追求赢利，为社会和社会发展服务的公开的永久性机构。它把收集、保存、研究有关人类及其环境见证物作为自己的基本职责，以便提供学习、教育、观赏机会。"其中"为社会和社会发展服务"是博物馆的功能核心[1]。后疫情时代，博物馆功能也被赋予了多样的内涵。

随着"文博热"时代的到来，加上国民文化水平的普遍提升、博物馆免费开放的政策等因素，纪念馆的功能边界愈加模糊，纪念馆应主动开放、跨界融合、创新发展，采用新技术、新管理、新策略，打破机制和观念上的壁垒。

（一）挖掘红色资源，赓续红色基因

故居纪念馆是传承和弘扬中华优秀民族精神，促进社会和谐与进步的重要载体，是群众和青少年进行爱国主义教育的重要场所。红色教育是纪念馆在新时代被赋予的重要功能。故居纪念馆实现红色教育功能，需要加大红色旅游资源的开发利用，打造具有城市特色的革命宣讲新阵地，争创高品质、有特色的红色文化品牌。

作为市级爱国主义教育基地和红色文化场馆，我们深挖场馆历史人文、价值内涵和地域特色，参与了"党的诞生地发掘宣传工程"系列拍摄工作和"馆长说"研学实践主题项目。由馆长述说故居历史，展现伟人家国情怀，让展馆资源融入生动鲜活的传播魅力和爱国情怀。参加"红色起点再出发，初心使命永不忘"红色场馆系列5G直播活动，结合"四史"学习教育，用创新手段，讲好红色场馆的故事，把红色资源利用好、把红色基因传承好、把红色传统发扬好。今年，为做好"党史"参观团队服务保障工作，我们结合"党史"学习教育，积极挖掘自身特有的历史资源，整合推出包括文物文献展、主题观影+原状陈列参观、巡展、主题党课等在内的"党史"学习教育服务菜单作，更好助力"党史"学习教育工作。上海孙中山故居纪念馆作为爱国主义教育基地、党史学习教育基地，有责任、有义务充分挖掘馆内特色历史资源，做好伟人精神传承工作，加强红色教育阵地建设。

（二）多领域合作，扩大影响辐射面

"众人拾柴火焰高"，相信很多文博界的朋友在实际工作中已经深切地感受到，在新时代博物馆建设中单独依靠自身力量已经远远不够，只有联合才是发展之路。这种联合既包括技术、业务上的合作，也有资源的整合、重组；既有博物馆之间横向的交流，也有系统内上、下的结合；既要注重数据的深度加工，也要有资源的广度覆盖。

随着信息技术的迅猛发展，公共文化需求呈现出日益动态化、多元化的特征，

[1] 祝孔强.公共数字文化服务体系与数字博物馆建设 [C]// 融合·创新·发展——数字博物馆推动文化强国建设——2013 年北京数字博物馆研讨会.

催生出跨界合作的新型合作方式。博物馆文化资源与社会多领域相融合的进程不断加快，在跨界、多元的融合中实现文化创新，并构建起合作共赢的模式，这是实现文博资源开放共享的有效路径和必然趋势。

我馆坚持以"三公里文化服务圈"建设为导向，以巡展、巡讲、巡播、巡演、巡赛的服务模式为抓手，突破空间限制，摸准社会需求。目前，我馆面向社会的"五巡"系列产品中，有5个讲座、3个展览、2部片子、两场保留演出。此外，"五巡"文化志愿服务项目的签约单位已达30多个，涵盖全市20多所大、中、小学校，周边4个社区和部分企事业单位。我馆还通过社区服务、党团活动、签约共建单位等方式拓展合作交流领域，扩大社会辐射面和影响力。

纪念馆是以"历史"与"文物"为载体的公众终身学习场所，其独特的教育形式及服务功能是其他机构无法替代的。后疫情时代，纪念馆应打破固有服务模式，通过开展跨界合作提升纪念馆活力，推进纪念馆的可持续发展。

（三）发挥专业特长，创新宣教形式

在大众兴趣需求与传播媒介快速变化的今天，博物馆与观众、与时代背景紧密联系。因而，明确纪念馆的目标和定位，尤其是在宣传教育层面，结合自身的专业优势，挖掘自身的特色、选择最合适的路径是纪念馆多元化发展的长久之道。

我馆首先是将建筑学、艺术设计学融入纪念馆的展示设计中，将人们的需求融入纪念馆的展示设计理念中。场馆的陈设不单单是视觉的浏览，而是借助相关学科知识，融合更多的综合元素，营造出符合人类美学认知的舒适视觉体验空间。其次是将心理学融入日常宣教和课程设计。纪念馆作为传达历史和精神的载体，将展示信息与观众的认知交互，最终达到和参观者情感上的共鸣。这就要求在日常宣教方面，对于不同年龄段、不同职业的观众，采取符合其认知特点和能产生情感共鸣的讲解方式。在馆校合作方面，我馆也融入心理学知识，希望借助"团辅"形式，研发以传承伟人精神为主题的校外德育课程，使思政课程更具活力和吸引力。最后，我馆将影视表演学融入特色活动的设计中，创排内容充实、表达直观的舞台演出剧及实景演出剧。如我馆推出的实景演出剧《共同的岁月》、诗朗诵《风雨百年》。结合重要时事节点，创编情景剧《家国情怀》，特别是今年推出的实验舞台剧《握手》，生动形象地展示了孙中山、李大钊两位伟人为救亡图存、振兴中华而矢志不渝的崇高精神。这些剧目成为我馆一项特色亮点项目和重要文化产品。

故居纪念馆作为博物馆行业的一个重要类别，是为纪念有卓越贡献的人和重大历史事件而建立的纪念地。随着人们对于文化传承的认识更加深刻，对社会文化服务的需求更加多元，纪念馆作为重要的文化传播载体面临着很多发展问题。后疫情时代博物馆行业的重构与升级，应以数字化、年轻化和多元化的转型升级为依托，利用先进技术、做到与时俱进、拓展服务功能，在如何更好地提高观众的参观体验，向大众传递纪念馆的文化理念上下功夫。

Reconstruction and Development of the Former Residence Memorial in the Post-epidemic Era

——A case study of the memorial hall of Sun Zhangshan's former residence in Shanghai

Li Cong, Memorial hall of Sun Zhongshan's former residence in Shanghai

Abstract: The covid-19 has brought a huge impact on the national museum industry, and also forced the museum industry to adjust and change its future development model in a timely manner. This article combines the attempts and practices of optimizing and upgrading the dissemination of traditional cultural resources since the outbreak of the Sun Yat-sen Memorial Hall in Shanghai. From three aspects: technical follow-up, demand guidance and multi-field co-operation, this paper discusses how the former residence memorial hall in the "post-epidemic era" can be digitalized and rejuvenated. As well as improving the function and value of diversified services, innovating the form of cultural communication and development mode, providing the public with cultural services and cultural experiences that are more in line with the needs of the times, and creating a new ecology for the memorial to reconstruct the traditional service model.

Key words: Museum; Memorial; The post-epidemic era; Digitizing; Rejuvenation

"博物馆+"文旅融合高质量发展模式探索

北京汽车博物馆　王京民

摘要：文化是旅游的灵魂，旅游是文化的载体。博物馆作为"文化的中枢"，是公共文化服务和旅游发展的重要阵地和有效载体。在文旅融合发展的大背景下，博物馆应该立足新时代，贯彻新发展理念，发挥自身优势，规避劣势，抓住机遇，迎接挑战，探索"博物馆+"新路径，实施新发展模式，拓展博物馆功能的边界，构建文化旅游与博物馆收藏、保护、研究、利用之间的良性互动，以文促旅，以旅彰文，实现双向赋能和价值共创，推动博物馆高质量发展。

关键词：博物馆　文化　旅游　融合

党的十八大以来，习近平总书记经常"打卡"博物馆，对文物保护、文化传承及博物馆发展作出重要指示。进入新时代，我国博物馆事业进入一个快速发展时期，"博物馆热""让文物活起来"持续升温。然而，"量"的扩展与"质"的提升之间的矛盾也日益凸显，观众对博物馆展览展示品质和文化内涵的要求越来越高。从建设文化强国、不断满足人民群众对美好生活需求的宏观层面看，我国博物馆事业发展还有很大的提升空间[1]。2009年，文化部、国家旅游局《关于促进文化与旅游结合发展的指导意见》中首次正式提出加强文化与旅游的融合政策，宜融则融、能融尽融。2018年3月，文化和旅游部正式批准成立，该实体机构的落地标志着国家对文化与旅游融合发展提出了更高的要求。2018年10月，中共中央办公厅、国务院办公厅印发了《关于加强文物保护利用改革的若干意见》，要求各博物馆"促进文物旅游融合发展，推介文物领域研学旅行、体验旅行、休闲旅游项目和精品旅游线路"，这就凸显了博物馆进行文旅融合发展的必要性和迫切性。同时也敦促各大博物馆针对自身在文旅融合发展中的优势作用、问题困难、创新路径及模式进行思考。

---

[1] 孙宝林.对博物馆高质量发展的思考[N].人民政协报,2021-6-21(11).

一　博物馆在文旅融合发展中的优势与作用

文旅融合，顾名思义主要指的是文化产业与旅游产业的融合。随着市场需求的变化和产业战略定位的转变，文化产业和旅游产业由于在资源、技术和市场有着较强的关联性，从而相互影响、相互作用、相互渗透，最终融为一体，逐步形成文化旅游业的一种动态发展过程。在这一交叉融合的动态过程中，文化元素融入旅游市场，旅游推广丰富文化体验，文化和旅游产业的行业壁垒逐渐模糊，产品功能交叉，产业生产率和竞争力不断提高。

旅游新生态的建设不仅要注重丰富旅游产品，更应注重旅游产品服务和文化的升级[1]。旅游业要与文化产业相融合，走文旅融合发展道路，博物馆是能够提升旅游服务档次的一个重要选项，这不仅可以丰富旅游产品和服务内容，两者融合发展还能形成较完善的旅游综合配套体系，从而促进旅游业的转型升级和博物馆的可持续发展。文旅融合拓展了博物馆的服务空间、提升了博物馆的服务价值，为博物馆发展创造了新的机遇。博物馆在文旅融合发展方面存在的优势，主要体现在内部优势和外部优势两个方面。

（一）内部优势

1. 博物馆对旅游业具有良好的促进作用

推动博物馆与旅游结合，对于博物馆行业而言，并不是一个陌生的命题。早在 1977 年在莫斯科举行的国际博协第 12 次大会第 2 号决议就是"博物馆与世界旅游"。1992 年在委内瑞拉召开的"博物馆新目标"会议就讨论了"博物馆与旅游"，通过了《加拉加斯宣言》，号召架起博物馆与旅游的桥梁[2]。"博物馆热"成为中国社会文化的新时尚，新旅游"网红打卡地""博物馆 +"跨界融合创新成为推进高质量发展的新引擎。博物馆本身就是重要的旅游目的地，对旅游业具有较强的促进作用。据最新数据显示，2019 年中国博物馆接待观众 12.27 亿人次，比 2018 年增加 1 亿多人次，增幅 8.97%。比 2010 年增长 8.2 亿人次，增幅 201%。在全球博物馆受到新冠肺炎疫情广泛影响的情况下，2020 年度我国博物馆推出陈列展览 2.9 万余个、教育活动 22.5 万余场，接待观众 5.4 亿人次。

2. 旅游业促进博物馆的功能拓展

从文化的角度来看，博物馆发展旅游能够对自然和文化遗产的保护产生积极的影响，促进文化传承。在互联网技术较为发达的今天，游客在参观博物馆的过程中

[1] 董芙蓉 . 文旅融合背景下博物馆与旅游的关系研究 . 四川旅游学院学报 ,2021(2):43-47.

[2] 苏东海 . 文博与旅游关系的演进及发展对策 [J], 中国博物馆 ,2000 (4).

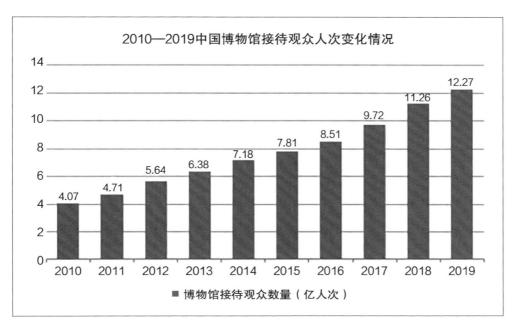

图1　2010—2019年博物馆接待观众数量增长图〔资料来源：国家文物局 华经产业研究院（2020—2025年中国博物馆行业市场调研分析及投资前景预测报告）〕

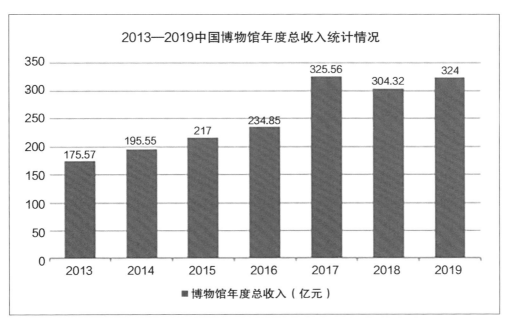

图2　2013—2019年博物馆总收入增长图〔资料来源：国家统计局 华经产业研究院（2020—2025年中国博物馆行业市场调研分析及投资前景预测报告）〕

学习、领略到丰富馆藏和优质展览的魅力，同时亦能将馆内文化和参观心得进行分享、传播，使得博物馆文化保持生生不息的活力。

从经济的角度来看，博物馆推广文化旅游的将获得较好旅游收入，增加国家财政收入，有效地缓解博物馆行业普遍面临的资金短缺状况。2019 年中国博物馆总收入比 2013 年增长 148.43 亿元，增幅 84.54%。

（二）外部优势

1. 国家政策的相继出台，为博物馆开展文旅融合发展提供了政策支持

2018 年 3 月，国务院机构改革方案提出组建文化和旅游部。同年 8 月，《文化和旅游部职能配置、内部机构和人员编制规定》出台，截至 12 月，全国 31 个省（市）文化和旅游厅（委）挂牌全部完成。随着机构改革的推进，国家文化和旅游部确立新时期文化和旅游"宜融则融，能融尽融，以文促旅，以旅彰文"的工作思路，为文旅融合、文化建设和旅游发展提供了坚实的制度和体制支撑。

在国家政策和制度规划层面，近几年国家相关部门出台了系列政策，要求博物馆创新体制机制，释放发展活力，对博物馆的文旅融合工作提出了具体要求并给予了相应政策支持。国务院出台的《公共文化服务保障法》《博物馆条例》《关于进一步加强文物工作的指导意见》、中央全面深化改革委员会第三次会议审议通过的《关于加强文物保护利用改革的若干意见》、文旅部出台的《"十四五"文化和旅游发展规划》、中宣部等 9 部门联合出台的《关于推进博物馆改革发展的指导意见》等指出，要积极推动文化、旅游产业融合发展的体制机制，促进文旅产业和其他领域融合互促，不断提高发展质量和综合效益，推动博物馆等成为旅游目的地，培育美好生活新空间；要大力发展文博产业，深入挖掘文物资源的价值内涵和文化要素，扩大引导消费、培育新型文化业态；鼓励众创、众筹，开发原创文化产品，打造文化创意品牌；支持、引导事业单位通过市场方式让文物活起来等。

从已有法规政策文件可以看出，国务院、文旅部等主管部门对于博物馆的文旅融合建设提供了较强的政策支持，包括但不限于落实博物馆有关支出责任，向财力困难地区倾斜，加强预防性保护和数字化保护项目支持；鼓励地方通过政府购买服务、项目补贴、以奖代补等方式，支持非国有博物馆持续发展；面向博物馆的、符合条件的捐赠收入享受免税政策；拓宽人才汇集机制，鼓励技术人才兼职，推进执业资格制度建设等等，这些政策为博物馆进行文旅融合建设提供了良好的保障。与此同时，各类文件中也对博物馆加强发展文旅建设提出了较高的要求，需要博物馆在实践中摸索着完成。

表 1 博物馆改革与发展相关法规政策文件明细表

序号	法律法规名称	颁布部门	文号	施行日期	关键内容
1	中华人民共和国公共文化服务保障法	全国人民代表大会常务委员会	主席令第 60 号（2016）	2017 年 3 月 1 日	1.公共文化服务是指由政府主导、社会力量参与，以满足公民基本文化需求为主要目的而提供的公共文化设施、文化产品、文化活动以及其他相关服务。2.公共文化设施是指用于提供公共文化服务的建筑物、场地和设备，主要包括图书馆、博物馆、文化馆（站）、美术馆、科技馆等。
2	博物馆条例	国务院	国务院令第 659 号（2015）	2015 年 3 月 20 日	1.国家鼓励设立公益性基金为博物馆提供经费，鼓励博物馆多渠道筹措资金促进自身发展。2.博物馆应当完善法人治理结构，建立健全有关组织管理制度。3.国家鼓励博物馆挖掘藏品内涵，与文化创意、旅游等产业相结合，开发衍生产品，增强博物馆发展能力。
3	国务院关于进一步加强文物工作的指导意见	国务院	国发（2016）17 号	2016 年 3 月 4 日	大力发展文博创意产业。深入挖掘文物资源的价值内涵和文化元素，更加注重实用性，更多体现生活气息，延伸文博衍生产品链条，进一步拓展产业发展空间，进一步调动博物馆利用馆藏资源开发创意产品的积极性，扩大引导文化消费，培育新型文化业态。鼓励众创、众筹，以创新创意为动力，以文博单位和文化创意设计企业为主体，开发原创文化产品，打造文化创意品牌，为社会资本广泛参与研发、经营等活动提供指导和便利条件。实施"互联网＋中华文明"行动计划，支持和引导企事业单位通过市场方式让文物活起来，丰富人民群众尤其是广大青少年的精神文化生活。
4	国务院办公厅转发文 化部等部门关于推动文化文物单位文化创意产品开发若干意见的通知	国务院办公厅	国办发（2016）36 号	2016 年 5 月 11 日	1.推动体制机制创新。2.稳步推进试点工作。3.落实完善支持政策。4.加强支撑平台建设。5.强化人才培养和扶持。6.加强组织实施。
5	国务院办公厅关于进 一步扩大旅游文化体育健康养老教育培训等领域消费的意见	国务院办公厅	国办发（2016）85 号	2016 年 11 月 20 日	适时将文化文物单位文化创意产品开发试点扩大至符合条件的地市级博物馆、美术馆、图书馆。

序号	法律法规名称	颁布部门	文号	施行日期	关键内容
6	关于促进文物合理利用的若干意见	国家文物局	文物政发（2016）21号	2016年10月11日	落实文化创意产品开发政策，适当增加绩效工资总量，在文创开发取得的净收入中提取最高不超过50%的比例用于对在开发设计、经营管理等方面做出主要贡献的人员给予奖励，各地可结合实际制定具体办法。
7	关于公布全国博物馆文化创意产品开发试点单位名单的通知	国家文物局	文物博函（2016）1799号	2016年11月4日	1.探索建立多元化的文化产品开发模式；2.探索建立既符合相关政策要求，又适应市场规律的收入分配制度；3.探索建立有效的激励机制。
8	中共中央办公厅 国务院办公厅印发《关于加强文物保护利用改革的若干意见》	中共中央办公厅、国务院办公厅	中办发（2018）54号	2018年3月20日	鼓励文物博物馆单位开发文化创意产品，其所得收入按规定纳入本单位预算统一管理，可用于公共服务、藏品征集、对符合规定的人员予以绩效奖励等。
9	北京市文化局等8部门关于印发《关于推动北京市文化文物单位文化创意产品开发试点工作的实施意见的通知》	北京市文化局、北京市发展和改革委员会、北京市财政局、北京市文物局、北京市人力资源和社会保障局、北京市旅游发展委员会、北京市国有文化资产监督管理办公室、北京市知识产权局	京文产发（2018）118号	2018年	坚持事企分开的原则，将文化创意开发与公益服务分开，原则上以企业为主体参与市场竞争，文创产品开发取得的事业收入、经营收入和其他收入按照规定纳入本单位统一预算，可用于加强公益服务、藏品征集、继续投入文化创意产品开发，对符合规定的人员予以绩效奖励等，试点单位可以从文创开发取得的净收入中提取70%及以上奖励开发工作人员。
10	关于推进博物馆改革发展的指导意见	中央宣传部、国家发展改革委、教育部、科技部民政部、财政部、人力资源社会保障部、文化和旅游部、国家文物局	文物博发（2021）16号	2021年5月24日	创新体制机制，释放发展活力。博物馆开展陈列展览策划、教育项目设计、文创产品研发取得的事业收入、经营收入和其他收入等，按规定纳入本单位预算统一管理，可用于藏品征集、事业发展和对符合规定的人员予以绩效奖励等。合理核定博物馆绩效工资总量，对上述工作取得明显成效的单位可适当增核绩效工资总量，单位内部分配向从事这些工作的人员倾斜。
11	"十四五"文化和旅游发展规划	文物和旅游部	文旅政法发（2021）40号	2021年4月29日	加快推进文化和旅游发展，建设社会主义文化强国健全现代公共文化服务体系，健全现代文化产业体系。

2. 市场对文化旅游的强烈需求，为博物馆的文旅融合发展创造了前提

近年来，《我在故宫修文物》《如果国宝会说话》《国家宝藏》及大批文博类节目的热播，激发了公众对于文物鉴赏和博物馆参观的热情。疫情期间，各地博物馆推出了"云游博物馆"的云端文化项目，如中国国家博物馆等8大知名博物馆共同推出"云春游"活动，故宫博物院推出的"云游故宫"项目等，刺激了市场对于博物馆文化旅游的强烈需求。疫情暂缓后，仅2020年十一期间，故宫博物院每天接待游客就超过30000人次，说明市场对于文化旅游的需求，是促进博物馆旅游发展的前提和动力。

3. 科技发展为博物馆的文旅发展提供了技术支持

科学技术是第一生产力，文创研发、品牌打造、业态创新，都离不开科技的力量。随着互联网的快速发展和信息化时代的到来，观众对展览数字化、产品数字化、文化内容数字化的要求不断加强，博物馆会越来越成为文化知识的生产者和先进技术手段的应用者。这就要求博物馆旅游必须按照国家文物局关于建设智慧博物馆的要求，打破时空限制，打破博物馆"围墙"，运用互联网、物联网、云计算、大数据、AR+VR、移动通讯等新技术，构建以信息、数据、互联网为依托的智能发展新形态，增强观众体验，把科学技术的作用充分展示出来。

二 博物馆在文旅融合发展中存在的主要问题

如前所述，作为文化中枢的博物馆在文旅融合发展中存在巨大优势。然而，在文旅融合发展的过程中，博物馆同样面临重重困难和亟待解决的问题，面对新时代、新形势、新需求，我国博物馆发展不平衡、不充分的矛盾还很突出[1]，主要表现在以下方面：

（一）市场动力不足

我国绝大多数博物馆属于公益一类的事业单位，不允许从事经营活动。近年，国家为鼓励博物馆进行市场化改革，先后出台《关于进一步加强文物工作的指导意见》《关于加强文物保护利用改革的若干意见》等文件，鼓励博物馆创新商业经营思路，发展旅游事业。然而，博物馆在发展旅游事业的过程中，仍需面对协调各部门关系、如何制定绩效奖励办法等困难，同时重公益不重实效的氛围也加重了运营相对固化、市场化动力不足的问题。

---

[1] 李耀申，李晨. 博物馆改革发展焦点问题及对策建议 [J]. 东南文化,2020(4) :133-137.

（二）资源配置不合理

由于博物馆的事业单位属性，决定其资源主要由国家划拨，故存在资源分配不均衡的现象，较多资源集中在大城市的知名、公营博物馆，小城市的非知名、民营博物馆获得的资源较少。获得资源较多的博物馆不仅能够靠门票实现营收平衡，更可利用剩余资金运营商业项目，而资源较少的博物馆甚至连基本运营都难以为继，进而形成恶性循环。

（三）内容创新匮乏

部分博物馆仍以文物展示、遗迹参观、科学教育为主要内容，表现形式单一，以传统的平面、静态形式的展览陈列为主，文化内涵挖掘不足、表现不佳，缺乏沉浸式、体验类项目，造成公众的参与感、获得感较差，对游客的吸引力不足。

（四）营销手段老套

在市场动力不足、资源配置不合理、内容创新匮乏的前提下，多数博物馆既不重视市场营销和品牌塑造，同时也存在"巧妇难为无米之炊"，即难以找到营销切入点的现实情况。在营销手段上，多数博物馆较少参与城市旅游宣传活动，游客获取展览信息的途径十分有限；部分博物馆开始尝试使用微博、微信、门户网站等新媒体平台进行自我宣传，但是数字化平台的管理和运营方面还比较落后，如部分博物馆官方微博内容陈旧、更新速率慢、微信公众号推送内容不及时等；在营销内容上，部分博物馆仅更新馆内概览和展品信息，缺少对科普教育、特色表演、专题展览的介绍。

（五）服务意识不足

在博物馆业内竞争日益激烈的今天，各馆在内容和营销方面固然存在差异，但服务和口碑的经营亦不容忽视。如何以人为本，更好地满足游客的需求，是各大博物馆亟待解决的问题。当前，我国博物馆的旅游接待能力参差不齐，馆内硬件环境和运营管理能力仍有待提高。例如，展陈方面，文物展牌的信息陈旧、内容量少，部分展品缺乏保养与维护；休闲区布局不合理、舒适度低；针对特殊群体的设施缺位等等。管理方面，游客引流机制不完善，公休日期间排队时间过长、馆内拥挤的问题仍有待解决等。

三 博物馆推动文旅融合发展的创新路径

文旅融合发展对于博物馆的公共服务能力提出了更高的要求，博物馆如何从理论建设、体制机制、职能转型、文化服务等层面和角度，探索适应新时代发展的路径。我国博物馆要实现创新发展，关键要引入商业化运营模式，创新展陈营销理念，提供更加丰富的文化产品和更加多样的休闲服务，主动融入城市规划建设，使博物馆成为满足游客多项需求的"一体化综合服务场所"[1]。

（一）完善管理体制，创新文旅融合发展机制

如前所述，我国绝大多数博物馆属本身不被允许从事经营活动，但近年出台的相关文件，使得博物馆在经营方面逐渐"解绑"，呈现出多种可能。第一，要协调好政府、博物馆、企业三者之间的关系，共同发展，形成合力。"博物馆开展陈列展览策划、教育项目设计、文创产品研发取得的事业收入、经营收入和其他收入等，按规定纳入本单位预算统一管理，可用于藏品征集、事业发展和对符合规定的人员予以绩效奖励等"。第二，博物馆要加强与学校、企业及其他事业单位之间的充分合作，依靠多元平台与社会主体将博物馆推向市场，提高博物馆的市场知名度，增创经济效益。第三，博物馆应适当进行职能外包，削减不必要的经费开支，鼓励外单位技术人员前往馆内兼职、挂职，激活馆内制度、内容创新。第四，部分博物馆资源较为丰富的城市可以成立博物馆联盟、整合各馆资源，设置全城博物馆环游路线、通票，将客流量从热门展馆引向冷门展馆，达成区域内合作共赢。

（二）创新文化服务方式，增强互动性与娱乐性

积极探索"让文物活起来"的方法，不断推出高点站位、正确导向、有温度、接地气的展览和教育活动，促进文旅融合。目前，我国博物馆仍面临展陈形式单一、内容创新匮乏的现状，如何创新展出方式、加强公众体验成为了各馆亟待解决的问题。第一，加强科技支撑，发展智慧博物馆、打造网络矩阵。充分发挥互联网、物联网、VR+AR、人工智能等技术，通过声、光、电进行情景化设计，增强馆内展陈与游客间的活动性，开发博物馆解说系统，为游客提供景区介绍、地图导览、路线推荐和闲聊家常等个性服务，帮助游客实现"自助游"。博物馆广泛运用新媒体的创新性、互动性、多元化和个性化优势，联姻信息企业打造一批数字化博物馆，使博物馆内容得以衍生和拓展，增强受众参观博物馆的交互性和趣味性。第二，更新馆内设施，提升服务质量，营造良好观展环境。打造博物馆主题餐厅与主题商场，

[1] 赵迎芳. 论文旅融合背景下的博物馆旅游创新发展 [J]. 东岳论丛，2021,4 (5):14-22.

使博物馆成为满足游客多项需求的"一体化综合服务场所"。例如依靠企业财团支持的法国巴黎卢浮宫博物馆，场馆内设有书店、商店、餐厅、咖啡馆、童车轮椅出借、物品寄存、信息咨询、医务室、货币兑换处、自动取款机、邮局、公共电话亭、野餐区和失物招领处等，配套服务齐全、周到，使游客享有最好的游览体验。第三，适当延长开馆时间，举办多元体验活动。一般而言，博物馆的开馆时间和白领的上班时间重合，不利于博物馆通过消费活动进行创收。为更好发展旅游经济，博物馆可适当举办"博物馆狂欢夜"等夜场活动，以此增加博物馆客流量，提升博物馆知名度。

（三）深挖特色资源，提供高品质文化产品

依托馆藏资源，博物馆开发的多元文化产品，为文旅融合发展提供高质量文化服务保障。作为终身教育场所，博物馆开发系列实践课程，共享教育智力资源。如中国国家博物馆加强与学校及教育服务业跨界结合，面向儿童群体开发"阳光少年系列工程"；面向学校群体开设了"社会大课堂"系列课程；面向成人观众开发了"文化博览"系列课程。同时联合北京教科院基本教育研究中心共同开发"绘本形式博物课程"；与史家小学共同开设"中华传统文化——博物馆综合实践课程"；携手史家教育集团和新蕾出版社，为青少年编写了"给孩子的传统文化——博语之旅"系列丛书，一年内博物馆上交教育服务事业收入达700多万元。四川博物院发挥藏品资源和高校智力资源优势，与四川大学共建"科研创新中心"学术研究团队等做法，为博物馆跨界聚力推进文化传播起到了很好的作用。

北京汽车博物馆作为一座年轻的博物馆，自2010年开馆以来，坚持倡导科教、文化、旅游融合发展，着力依托汽车类文化文物资源优势，深入挖掘藏品背后故事和汽车文化文物资源的价值内涵、文化元素，广泛应用多种载体和表现形式，开发艺术性和实用性有机统一、具有汽车文化、文物内涵、汽车元素、汽车科技的个性化、多元化文化创意产品，满足社会观众多样化、个性化消费需求，形成"1+1+N"可推广、可复制的文创开发及经营模式，年创收超过千万元，实现社会效益和经济效益相统一，实现文化事业和文化产业有机统一。目前已开发"古代车马文化"系列、"红旗"系列、"车字图"系列、"车型演变"系列等20余个系列359种文创产品，产品涉及服饰类、办公用品类、文具类、生活用品类、车载用品类、纪念品类及食品类等，让观众把博物馆文化带回家。

（四）拓展媒体传播渠道，强化传播效能

深入挖掘藏品蕴含文化内涵和中华元素标识，切实其融入内容生产、创意设计和文化传播中，发挥博物馆在文旅融合发展、促进文化消费中的作用。创新数字文

化产品和服务，大力发展博物馆云展览、云教育，构建线上线下相融合的博物馆传播体系。通过纪录片、社交媒体等渠道对博物馆进行宣传，打造"线上博物馆"，让游客足不出户就可以体验到博物馆的魅力。例如，疫情期间，全国各博物馆积极利用前期数字化成果，借助网站、微信、微博、视频、APP等平台，推出了形式各异的网上展览。故宫博物院的"全景故宫"、上海博物馆的"云观看博物馆"、三星堆博物馆的"青铜的对话"特展等等，都让游客在线上收获了较好的观展体验，提升了博物馆的口碑和知名度。加拿大虚拟博物馆将全国1300个博物馆和艺术馆的数字资源串联起来，其近百万个照片资源和近千个虚拟展览资源，可供世界各国用户共享数字文化资源。

（五）融入城市规划，打造文化景观

目前，在全域旅游视角下，博物馆已成为城市文化景观的重要组成部分。博物馆应主动融入城市的发展规划中，做好文旅融合项目规划与设计。借助其在地标建筑、文化资源和文物藏品方面的优势，通过改善周边环境、完善公共设施等措施向城市文化景观转变，成为与社会公众持续互动演进的特色空间，并不断拓展文化服务领域来满足公众的需求。例如推动博物馆虚拟展览进入城市公共空间，服务公众城市文化生活。

（六）完善法律法规，优化发展环境

目前，文旅部的组建及相关文件的出台明确了博物馆进行文旅发展的方向，但博物馆在体制、管理、营收等方面仍存在一定问题。因此，有关部门需进一步在法律法规方面对博物馆发展进行引导，从更高的角度、以更精准的政策解决目前存在的法律规范问题，为博物馆旅游发展提供良好的环境。

四　博物馆＋文旅融合发展的新模式

文旅融合背景下，"博物馆＋"模式逐渐普及。推动"博物馆＋"文旅融合发展，关键是要让博物馆与自然景观、文化产业、主题IP及非物质文化遗产进行有机融合，发挥博物馆所具备的文化资源和文物藏品优势，打造集群式、多元化的文化创意服务平台，构建合作共赢模式，实现资源开放和社会共享的最大化。

（一）"博物馆＋景区"模式

部分博物馆具备地形优势，自身修建在风景秀丽的自然景区之中，将人文氛围与自然景观融为一体，相比传统博物馆具有更强的吸引力。例如，苏州园林博物馆

位于拙政园西侧，建筑风格保持了粉墙黛瓦的苏州民居特色，与周围的拙政园、狮子林等园林经典代表作相协调。游客在参观博物馆后，可直接前往拙政园，在实地考察中再次回味馆中了解到的园林艺术。再如，山东省青州市博物馆与云门山和古城建筑共同组成了青州古城旅游区。该旅游区为 5A 级景区，年接待游客量突破 1000 万人次，是游客到青州市旅游"打卡"的首选地，故可对青州博物馆起到"引流"的作用，而博物馆中的讲解介绍又能帮助游客更好了解青州古城的历史与现状。总之，在"博物馆＋景区"模式中，博物馆与景区之间相互影响、相互作用，最终能够达到合作共赢的效果。

（二）"博物馆＋产业园"模式

部分民营博物馆为增收创收，依托博物馆的影响力和底蕴，打造文化产业园和文化产业链条，从而带动文化产业发展，用产业的收益继而反哺和提升博物馆的影响力。以重庆宝林博物馆为例，这是一家暂无评级的民办博物馆，但馆内藏品近 7000 套，其中不乏吐蕃文唐代写经、乾隆御用珐琅彩瓷枕、春秋战国时期的兵器涡旋纹矛等珍宝，故馆内的运营成本较高，仅靠门票完全无法支持。为解决营收问题，馆内成立了文化产业园区，靠企业入驻的租金、合作分成及投资参股完成营收指标，支持博物馆自身的运营。再如，柳州市桂饼文化博物馆是一家以糕饼文化为主题的民办博物馆，馆内陈列跟糕饼点心文化有关的展品 4000 余件，拥有中国最大的饼模群。该博物馆最大的运营特色在于还原传统食物的制作工艺，开发出一系列创意体验，如米饼、粽子、饺子等 DIY 活动；另一方面，桂饼文化博物馆也和连锁烘焙品牌"锦桂楼"的商业运营相结合。通过这些经营活动，桂饼文化博物馆能够较好地实现收支平衡。从以上两个案例可以看出，在"博物馆＋产业园"模式中，博物馆主要发挥了吸引企业入驻、游客来访的招牌作用，而产业园则发挥了创造经济效益、丰富馆内活动的优势，二者相互配合，实现了"1+1>2"的效果。

（三）"博物馆＋主题"模式

部分博物馆拥有鲜明的主题和较为成熟的品牌 IP，它们依靠特色主题和品牌 IP 吸引游客进行参观，凭借售卖特色文创补贴馆内运营，通过宣传主题和品牌 IP 提升博物馆知名度。最好的例子莫过于华特·迪士尼家族博物馆，这家专题博物馆主要展示了创始人沃尔特·迪士尼的个人生平及遗产，包括多枚勋章、奖杯以及动画手稿等。尽管运营该博物馆的迪士尼家族基金与娱乐企业华特·迪士尼公司之间并没有正式关联，但游客却多数是抱着对"迪士尼"品牌的好感慕名前来参观的。由此可见，一家博物馆拥有明确的主题和品牌 IP，是对游客构成吸引力的重要因素。

（四）"博物馆 + 非遗"模式

在深挖博物馆的文化内涵的基础上，结合"非遗"技艺，深入挖掘文化资源的价值内涵，将"非遗"技艺更好地呈现给观众。利用运用全景技术和互联网技术进行数字展览；利用舞台表演展示博物馆"非遗"文化；通过"AR""VR"虚拟技术情景再现展示场景；通过增加动态、活态展示，提升游客的感官体验、互动度和参与度，增强旅游体验。

（五）"博物馆 + 旅游联盟"模式

通过行业协会建立博物馆文化旅游大联盟，共同打造目标市场的文化旅游特色品牌。以杭州市为例，省博物馆学会可主导联合市内数十家不同类型的博物馆、纪念馆、科技馆、名人故居等，开辟"名人故居游""特色博物馆游""文化记忆体验游""生态博物馆游"等项目，实行各馆通票共享和游客信息互通有无机制；可依托演艺会展业、影视业、传媒业和现代印刷等相关产业的合力，将博物馆文化元素植入历史文化名城、古镇、古村落、古文化街区和生态保护区等展示展演，推出"历史古镇（村、街）游""绿色浙江游""江南韵味游""运河丝绸游"和"智能城市游"等主题性文化旅游项目。

（六）"博物馆之城"模式

博物馆和旅游的融合，是城市文化和历史文化的融合，也是城市文化和历史文化的传承与再创造，对于推进城市可持续发展，提高城市综合竞争力具有重要作用[1]。中宣部、国家文物局等九部门联合印发的《关于推进博物馆改革发展的指导意见》中，明确提出支持北京等有条件的地区打造"博物馆之城"核心示范区、建设"博物馆小镇"，实现不同区域博物馆的集群式发展。进入新时代，北京地区博物馆实现跨越式发展，截至 2020 年底，本市备案博物馆已达 197 座，无论是数量还是质量均居全国城市之首。北京有三千多年的建城史，八百六十多年的建都史，厚重悠久的历史文化为发展博物馆提供了得天独厚的条件。2021 年"5·18 国际博物馆日"中国主会场活动开幕式上，国家文物局和北京市人民政府签订了《共建北京"博物馆之城"战略合作协议》，北京博物馆之城建设驶入快车道。博物馆之城建设为"博物馆 +"发展模式提供了中国方案。

---

[1] 苗宾 . 文旅融合背景下的博物馆旅游发展思考 [J]. 中国博物馆 , 2020(2):115-120.

五　结语

　　旅游促进博物馆的文化传播和经济收益，博物馆则为文化旅游产业赋能，二者相辅相成、共同发展、互利共赢。发展博物馆旅游，需要从体制机制、展陈营销、规划建设等角度入手，解决目前所存在的市场意识不足、资源配置不均、内容创新匮乏等关键问题，促使博物馆与其他机构、产业宜融尽融、能融尽融，形成"博物馆＋"的创新发展模式，助力文化事业与文化产业"1+1>2"的倍增效应，满足人们对美好生活的需求。

Exploration of the "Museum +" Culture and Tourism Integrated Development Patterns

Wang Jingmin, Beijing Auto Museum

Abstract：Culture is the soul of Tourism, tourism is the carrier of culture. As the "Center of Culture", museum is an important position and effective carrier of Public Cultural Service and tourism development. Under the background of the integrated development of literature and tourism, how can museums base themselves on the new era, carry out the new development concept, give full play to their own advantages, avoid disadvantages, seize opportunities, meet challenges, explore the new path of "Museum +" and implement the new development model, to expand the boundary of museum function, to construct the positive interaction between Cultural Tourism and museum collection, protection, research and utilization, to realize two-way empowerment and value co-creation, and to promote the high-quality development of museum.

Key words：Museum; Culture; Tourism; Integration

新冠疫情背景下的社区博物馆的保护与更新

——以川沙中市街历史文化风貌区为例

浦东新区文物保护管理所　吴东珩

摘要： 全球新冠疫情背景下，博物馆必须以更开阔的视野，更包容的形式，海纳百川，兼容并蓄；以更开放的姿态，更广博的胸怀形成更平等的博物馆业态。而社区博物馆这一新博物馆学理论正慢慢进入公众视线，其侧重于人文关怀和社群参与的理念，与平等、包容、多元的现代博物馆发展趋势不谋而合。通过剖析川沙中市街历史文化风貌区建立社区博物馆的可行性和必要性，探讨新冠疫情背景下城市历史街区更新活化的意义作用。通过社区博物馆促进社区居民参与意识和文化自觉，倡导平等环境下包容、多元、开放的社区博物馆氛围。

关键词： 新冠疫情　社区博物馆　川沙中市街　历史文化风貌区　保护与更新

2020 年以来的后疫情时代，博物馆发展迎来更多机遇和挑战。正如 2020 年国际博物馆日的主题——"致力于平等的博物馆：多元与包容"和 2021 年的国际博物馆日主题——"博物馆的未来：恢复与重塑"，在新冠肺炎疫情席卷全球的背景下，博物馆面临着前所未有的危机，也同时蕴藏着史无前例的契机。新冠疫情促使博物馆的社会粘合度得到了极大强化，[1] 传统观念下的博物馆业态已无法完全满足这一情状。

传统意义上的博物馆是"文物和标本的主要收藏机构、宣传教育机构和科学研究机构"[2]，以藏品整理、保护、研究、陈列为要义和最初的使命。但博物馆也是

---

[1] 安来顺 . 恢复和重塑博物馆的文化驱动力——2021 年国际博物馆日主题讨论之一 [J]. 中国博物馆 ,2021(2):5.

[2] 王宏钧 . 中国博物馆学基础 [M]，上海：上海古籍出版社，2006:40.

对实体艺术、多元文化和自然生态的实景展示与体验场所。[1] 博物馆除了收藏历史、还原历史、昭示未来，还要见证现在、参与现在，准确把握自身认知的主观性与博物馆职能的客观性，发挥自身功能、体现独特价值。[2] 社区博物馆的理念正是多元与包容的博物馆发展的有机体现。

社区博物馆模式重心在于关怀社群和社区的需求，正契合了新博物馆学城乡规划与人文关怀相融合的理念，更具体地强调社区这一概念与博物馆的融合度和粘合度，提倡空间的利用整合与当地文化的传承与结合。它是博物馆功能与社区需求的成功对接，是博物馆文化的种子在社区土壤上的落地和生成，它立足于社区，为了社区，以社区内的自然与人文遗产为主要资源，在社区居民主导下开展遗产保存、整理、研究、展示，对内对外开展社教服务与交流的文化机构。[3]

通过对相关理论的陈述和延伸，结合工作实际，以浦东川沙中市街历史文化风貌区为切入的案例，呈现该历史文化风貌区的系统性，而不是单一割裂开来的一栋建筑或一个展馆，如何与当地居民、当地文化有机结合，破除如今古镇也好，古街也好千"人"一面的同质化现象，如何让历史文化风貌区通过合理的保护与更新本土活化，成为展现当地独特文化特色的社区博物馆，在后疫情时代让博物馆延展出更为宽阔的生命力和可持续性。

一　社区博物馆相关理论

在讲社区博物馆理论之前，有必要提一下"新博物馆学"。这是博物馆学中的一个派系，强调博物馆应具备回归自然、保护环境、服务社会、关注人文等新功能，是与传统博物馆学相对而言的，其重点不仅包括博物馆的物质基础，更囊括社会上的人。在新博物馆学这一思潮的推动下，值得注意的是社区博物馆这个概念。社区博物馆的核心是"社区"，是承载着同一地域、同质价值取向的社会共同体的所在。

（一）新博物馆学相关理论

新博物馆学保留传统博物馆学的精粹，同时要求多学科交叉运用及重视对公众参与的关注。其侧重于博物馆建筑的周边环境和所处的社会人文环境，合理地拓展了博物馆的保护范围，将具有地方特色的区域和历史街区均纳入范畴，并对非物质层面内容的保护也予以关注。"当我们包存过去文明的遗存以及保护今日之渴望与

---

[1] 〔加拿大〕沈辰.新冠疫情下的博物馆：困境与对策 [J].东南文化,2021(2):7.

[2] 段勇.再谈博物馆的多元与包容特质 [J].中国博物馆,2020(2):11.

[3] 曹兵武.重构大变动时代的物人关系与社群认同——谈社区博物馆与新型城镇化及城市社区文化建设 [J].中国博物馆,2014(2):58.

科技的成就时，新博物馆学（包括生态博物馆学、社区博物馆学、以及其他形式活动的博物馆学），主要关注于社区发展，反映社会进步的旺盛力量，并且将其与未来计划相联接。"[1]

新博物馆学提倡对文化遗产的整体性保护，不仅是遗产本身，也包括与遗产有关的自然和文化环境，着力建立大众化的博物馆。

（二）社区博物馆相关理论

德国著名的社会学家费迪南·滕尼斯早在 1881 年的《社区与社会》一书中提到了"社区"这一概念，社区是由同质人口组成的具有价值观念一致、关系密切、出入相友、守望相助的富有人情味的社会群体。而社区博物馆是由社区居民自主参与、自下而上的博物馆。社区居民参与包括博物馆的建设、筹划、运营等所有流程，通过保护和利用承载地域记忆与地域情感的可移动与不可移动文物，物质与非物质遗产，来提升社区居民参与的积极性，以此加强文化自觉，也增进区域居民的情感。社区居民群体是博物馆的决策者、行动者、工作者和增值者。

这一理论强调，从博物馆冻结式保存转变为城市历史环境的整体性保护，更加注重城市环境空间的合理利用，强调城市空间中的社区生活和文化传承。[2] 没有物理围墙的"活体博物馆"，强调保护、保存、展示自然和文化遗产的真实性、完整性和原生性，以及人与遗产的活态关系。

可以说，社区博物馆是一种融入环境空间、人文历史、居民生活于一体的体验性、互动性新型博物馆形态，不仅仅是单一建筑、单一文化地标的展示，更多的是当地民俗文化、生活体验的呈现。参观者需要的是沉浸式的体验，而不是走马观花的一轮游。

（三）社区博物馆与历史文化风貌区的保护更新

社区博物馆与历史文化风貌区隶属于不同的学科范畴，但其秉承的核心宗旨却不谋而合：典藏文明、关怀社群、以人为本。这是历史文化风貌区建设成为社区博物馆的基础和前提，也是历史文化风貌区有必要成为社区博物馆的原因。

历史建筑集中成片，建筑样式、空间格局和街区景观较完整地体现上海某一历史时期地域文化特色的地区，可以确定为历史文化风貌区。[3] 在上海，多年的尝试

---

[1] 参考自田燕、穆瑶.新博物馆理论视角下的历史街区保护与更新——以淡水古迹园区社区博物馆为例 [J].城市建筑,2017(6):27.

[2] 何睿、孙源铎."活态博物馆"理念下历史风貌区规划的探讨——以上海老城厢文庙露香园地块为例 [J].建筑与文化,2018(1):165.

[3] 上海市历史文化风貌区和优秀历史建筑保护条例（2019 年修正）第二章第九条.上海市人民代表大会常务委员会公报，2019(5).

和打造,现有的历史文化风貌区的保护与更新初见规模和成效引入社区博物馆理念,能更好地解决区域文化遗产保护利用所面临的问题,也是提供新思路的方式。

社区博物馆的重点在于环境空间、人文历史、社区居民三者的有机结合,这与历史文化风貌区的文化现象、生活场景的保护和利用的理念异曲同工。在这个博物馆里,藏品不再是展柜里的摆设,而是动态的生活、人情和故事。博物馆建筑也不再是新建的空间,而是就地取材保留原有的民宅、民用设施等。博物馆的讲解员也无需另聘,可是当地的居民志愿者。通过居民自治、自上而下的社区博物馆体系,最大程度保留了历史文化风貌区的原真性和在地性。

新冠疫情背景下的博物馆,在社区博物馆理论的视角下,融合、多元地扩大博物馆的场域,延伸到露天街区、社区生活圈,而受众也不局限在拥有专业背景的人群,应拓展到社区居民、游客等,平等地享有是未来发展的方向。

二 川沙中市街历史文化风貌区

如上所述,从新博物馆学的角度出发,历史文化风貌区是不可多得的社区博物馆的典范,通过一系列的打造和磨合,度身定制,实现完美匹配。而位于浦东的川沙新镇中市街历史文化风貌区历经发展变迁,又毗邻迪士尼旅游度假区,可以想见,这一历史文化风貌在后疫情时代将充满了新机遇和新挑战,用更开放包容的姿态展示自己的历史故事和人文情怀。

（一）历史沿革

《川沙县志》中有明确记载:"川沙东濒大海,西控申江,北接宝山,南连南汇,障以内外护塘,墩汛联属,居民稠密,为海防要地。"[1]"地形高仰,宜谷宜棉……形势联络,蓁而之区,实屹然为沿海重镇。"[2]该风貌区所在的川沙新镇历史悠久,文化繁盛。

长久以来,川沙是浦东乃至上海的重镇,是江南经济文化发展的脉络中重要的组成部分。川沙——因盐而生、因城而聚、因商而兴、因学而盛,既是工商重镇,亦是文化繁盛所在。

2014年,川沙新镇成为第六批中国历史文化名镇。2018年,川沙中市街历史文化风貌区入选上海历史文化风貌区。

---

[1] 上海市地方志办公室,上海市浦东新区地方志办公室.川沙县志[M].上海:上海古籍出版社,2011:14.

[2] 上海市地方志办公室,上海市浦东新区地方志办公室.川沙县志[M].上海:上海古籍出版社,2011:176.

浦东地方志中有载："纵横约二千余平方公里，右濒东海之滨，左倚黄歇之浦，邑涉六县一市，史经千有余年。古则荣为孔门传圣学之方，文风奕盛；近且惨被倭寇袭港汊之险，形势要冲。昔归松江府之辖治，今翊上海市为毗郊。渔盐棉米，物产丰饶，玉食云衣，艺工巧擅。"[1]

（二）人文环境

该风貌区所在的川沙新镇是中国历史文化名镇，拥有 15 个文物保护单位、83 幢历史建筑、11 项非物质文化遗产，依托悠久的历史文化，得益于近年来良好的保护和利用，这批优秀的历史文化遗产得以保存流传。

以内史第（黄炎培故居）为中心，辐射周边的川沙新镇中市街历史街区就是川沙新镇文脉留存的亮点所在。中市街因"市"得名，明代中后期开始成为商品交易的聚集地，一直延续至今，是川沙历史文化风貌区的核心所在，可以说是早期川沙的商业中心。而如今的中市街也是保存较好、商业业态突出的街道，有的建筑兼具中西风格，反映了川沙城市的历史发展变迁。在街区的阡陌街巷里，依然居住着八方汇聚的"生意人"和那些祖祖辈辈见证街区变迁的原住居民们。

内史第（黄炎培故居）又名沈家大院，由清代著名金石学家、书画鉴赏家沈树镛（1832—1873）祖上于清道光年间建造，是一座三进两院两厢式砖木结构的两层民宅，富有浓郁的清代江南城镇民居特色，距今已经有 170 多年的历史。"内史第"之所以蜚声海内外，也因为这里诞生了多位近代名人。宋氏三姐妹和宋子文就出生在"内史第"，除此之外"新文化旗手"胡适先生也曾和母亲在"内史第"居住过一年多的时间。著名的民主主义战士、政治活动家、职业教育的先驱黄炎培先生也诞生在内史第第三进院落，现为市级文物保护单位黄炎培故居。著名音乐家黄自、民主战士黄竞武、水利专家黄万里等黄氏子弟都诞生于此。

内史第曾经以藏有汉碑、六朝造像、唐石、宋石等众多文物精品著名，被清代国学大师俞樾赞为"文物古迹，富甲东南"。沈树镛之子沈毓庆也在这里开启了中国毛巾业发展的先河，是川沙毛巾业的鼻祖。黄炎培先生就曾作过"浦东文化在川沙，川沙文化在内史第"的评价。

丰厚绵长的历史人文底蕴造就了川沙中市街历史街区独特的社区样貌和人文环境，使其拥有成为社区博物馆的精神聚集载体和物质汇聚空间。

---

[1] 上海市地方志办公室，上海市浦东新区地方志办公室 . 川沙县志 [M]. 上海：上海古籍出版社，2011:1399.

三 新博物馆理论下的社区博物馆可行性发展

"人们之所以痴迷于博物馆，不是因为崇拜或为了占有那些异质性的物，而是因为那些物的异质性能够给予人们一些新的体验，它们描述了与现实存在间距的某个世界。"[1] 人们参观博物馆的目的渐渐变成了体验的积累，而不再是知识的积累。这也正是社区博物馆的主旨所在。

借用 2021 年新知青年大会上的一句话："社区也会形成独特的文化……一个互联网社区是否形成了独特文化，有三个核心标志：第一，形成了一批有辨识度的专属词汇。第二，形成了基于价值认同的公序良俗和自治公约。第三，具有高度的包容性和坚定的排异性。"[2] 这一概念同样适用于历史文化风貌区的社区博物馆建设。历史文化风貌区也是一个具备历史文化辨识度，同时兼具社会生活空间，拥有长期固定居住的社区居民，承载着共同记忆、价值观的社群社区。而社区博物馆努力将历史文化和社会地理有机结合，在历史文化风貌区的保护上起到了重要的作用。"社区博物馆对集体记忆的传承、物质与非物质文化的保存与保护，文化的多样性的关注具有现实意义。"[3]

"博物馆最容易成为连接居民与社区之间重建社会联系的空间……在博物馆获得优质的精神文化服务，也是最能体现文化平权和社会关爱的渠道之一。记忆是博物馆的重要功能"。[4] 川沙中市街历史文化风貌区具备社区博物馆形成的基础条件，通过凝心聚力，协同发展，是否可以打造出独特文化背景、可持续发展的中市街社区博物馆呢，可以从如下几个方面着手推进：

在文化遗产与商业发展相融合下，人、文、地、产、景五大元素碰撞共存。

第一，人，内涵在于"以人为本"，强调社区居民间的日常沟通交流、人际关系的经营、生活福祉的创造以及相同诉求得到满足。社区居民参与。川沙镇域非遗共计 11 项，包括川沙沪剧、江南丝竹、浦东说书等。如何让这些历史文化走近现代百姓生活？在川沙中市街的一侧，有一栋老建筑，如今被改造成川沙戏曲馆，相邻的一座老建筑则是川沙营造馆，通过展陈的方式把川沙的非遗传承下去。

第二，文，旨在经营社区艺文活动，延续共同的历史文化。一墙之隔的中市街

[1] 王思怡. 博物馆的未来，重塑"具身博物馆"的新形态——从 2021 年世界博物馆日主题说起 [J]. 博物院 ,2021(2):35.

[2] 2021 新知青年大会知乎创始人 & CEO 周源十周年主题演讲 .

[3] 边娜 . 社区博物馆与遗产保护——对于安庆倒扒狮历史文化街区保护的思考 [J]. 博物馆研究 2018(2):88.

[4] 安来顺 . 恢复和重塑博物馆的文化驱动力——2021 年国际博物馆日主题讨论之一 [J]. 中国博物馆 ,2021(2):6.

以及川沙营造馆、宋庆龄纪念馆及戏曲馆毗邻而建，利用不可移动文保点的建筑，修缮一新后，引入川沙当地人文历史，设立相关文博场馆。

第三，地，强调"在地性"这一特质，以及对社区所在地的特色的维护与发扬。近几年，上海大力打造"建筑可阅读"的文化品牌，以黄炎培故居为代表的中市街历史文化风貌区就是"建筑可阅读"的美好缩影，不仅建筑本身充满故事，建筑背后的历史文化、建筑里展陈展示的物件、建筑边可品、可赏的日常吃穿行都一览无余。

第四，产，指的是研发并宣传具有当地特色的产品，以及在地经济活动的集体推展等。中市街上商铺以出售当地美食、手工艺为主。比如浦东塌饼、圆子、菜肉大馄饨等。结合川沙中市街，周边的环境也得到了良好的改善，东城壕路一块的财神庙等不可移动文保点也得到了修复，焕然一新。而西面的以道堂以德堂则以"以园"命名，改成了时下流行的民宿，成为央视纪录片《乡愁》的取景点。

第五，景，则提倡因地制宜的打造当地独特的景观结构，对人居生活环境的永续经营，以及居民自力投入社区景观的营造等。从"历史文化风貌区""优秀历史建筑"保护到"历史风貌"保护。体现上海城市风貌特色的要素纳入法定保护对象体系，通过保护对象内涵拓展，从过去保护单体向区域保护、历史性城市景观的整体保护逐步转化。[1]

通过川沙中市街历史文化风貌区这一案例的保护与活化实践，能够深刻认识到，对历史文化风貌区而言，保护是其目标，活化是保证其得到持续保护与生长衍化的有效方式，而创意则是实现保护与活化的必要手段。社区博物馆的建立，是历史文化风貌区的活化更新，是承载当地文化的所在，是物质、精神的双重凝聚地，是居民心灵寄托的归宿和港湾。

四 思考与结论

全球博物馆的共同宗旨和终极使命，是保护和传承人类社会的多元文化及多彩环境。[2] 社区博物馆越来越多的为人所熟知，植入民众生活的公共服务空间，不再是简单的参观和浏览，而是通过当地居民自主参与，民间力量共同推动，从而形成的人、文、地、产、景和谐发展的社区活态博物馆体系。

而历史文化风貌区的保护和发展也在不断推进。努力打造探索"格局保护"，营造"承载记忆、有温度"的场所，同时，历史风貌保护和上海作为全球城市的文化竞争力休戚相关，能否在未来的地方立法中提出，在严格保护的前提下，尝试更

[1] 陈鹏.新时期上海历史风貌保护地方立法初探——上海市历史文化风貌区和优秀历史建筑保护条例修订导向研究 [J].上海城市规划,2018(3):57-58.

[2] 段勇.再谈博物馆的多元与包容特质 [J].中国博物馆,2020(2):12-13.

多的整体格局的保护，营造出传承历史空间特色、饱含地区温度和情感的城市空间。

文旅融合后的博物馆发展也会注入更多新的活力，提倡体验、互动和融合的新兴旅游市场也应让博物馆加入，历史文化风貌区不仅是历史文化的象征，也应该是当下人们学习、体验的沉浸式空间。

引用我国著名学者单霁翔先生的观点："当今时代博物馆的功能与职能，将再次从'保护文物藏品'延伸到'保护文化遗产'……使博物馆工作者打开视野，面对多样化的文化资源，进入无限的发展空间。"[1]博物馆文化的展示空间从馆舍到社区、从城市到乡村、从地上到地下、从国外到国内，将文化遗产与自然遗产置于博物馆的广义范畴来认识，体现出外向的、多维的，以促进社会发展为己任，以满足民众需求为核心的发展思路和时代精神。[2]从文化遗产到自然遗产，从历史遗产到当代遗产，从物质遗产到非物质遗产，随着文物遗产保护的视野不断拓展，博物馆的保护、研究、展示空间，也必然从传统博物馆的"馆舍天地"，走向丰富多彩的"大千世界"。

新冠疫情背景下，通过社区博物馆的模式，发挥博物馆的社会职能，来一次文化"疗伤"的积极探索。"在日趋极端化的环境下，博物馆的社会性愈发凸显，公众对博物馆服务社会的要求日益增长，多元、包容和平等都已经成为博物馆建设的发展趋势和必然选择，必须以包容的心态、多元的方式，在文化平等的基础上建立跨文化交流对话合作机制。"[3]社区博物馆融入历史文化风貌区的建设，不仅有助于历史文化风貌区的更新保护和长效发展，同样也推升博物馆与旅游、文化遗产保护的有机统一，是未来文旅融合大背景下文旅产业发展的趋势和方向。

参考文献

[1] 王宏钧.中国博物馆学基础 [M].上海：上海古籍出版社，2006.

[2] 妮娜·西蒙.参与式博物馆 迈入博物馆 2.0 时代 [M].杭州：浙江大学出版社，2018.

[3] 单霁翔.博物馆的文化责任 [M].天津：天津大学出版社，2017.

[4] 宋娴.宾至如归 博物馆如何吸引观众 [M].上海：上海科技教育出版社，2017.

[5] 中国博物馆协会城市博物馆专业委员会，上海市历史博物馆.致力于可持续发展社会的城市博物馆　中国博物馆协会城市博物馆专业委员会论文集 2015-2016[C].上海：上海交通大学出版社，2016.

---

[1] 单霁翔.从"馆舍天地"走向"大千世界"：关于广义博物馆的思考 [J].国际博物馆（全球中文版），2010(3):71.

[2] 同上。

[3] 宗苏琴.后疫情时代博物馆的多元、包容与平等建设——从扬州博物馆谈起 [J].东南文化，2021(2):172-173.

[6] 朱健刚，张晓静 . 社区艺术与公共空间 [M]. 广州：花城出版社，2017.

[7] 吕建昌 . 博物馆与当代社会若干问题的研究 [M]. 上海：上海辞书出版社，2005.

[8] 张岚 . 城市文化的共享 中国博物馆协会城市博物馆专业委员会论文集 2011—2012[C]. 上海：上海交通大学出版社，2012.

[9] 上海市地方志办公室，上海市浦东新区地方志办公室 . 川沙县志 [M]. 上海：上海古籍出版社，2011.

[10] 方鸿铠，陆炳麟修；黄炎培纂 . 民国川沙县志 [M]. 上海：上海书店出版社，1991.

Protection and Renewal of Community Museums in Time of COVID-19

——Taking the Historical and Cultural Area of Zhongshi street in Chuansha as an Example

Wu Dongheng, Cultural Relics Protection and Management Office of Pudong New Area

Abstract：Since the COVID-19 Pandemic has become a global epidemic and still has not be properly controlled yet, museums must embrace all rivers with a broader vision and a more inclusive form, and form a more equal museum format with a more open attitude and a broader mind. Community Museum, a new museum theory, is slowly coming into the public's attention. It focuses on the concept of humanistic care and community participation, which coincides with the development trend of equality, inclusiveness and diversity of modern museums. By analyzing the feasibility and necessity of Establishing Community Museums in the historical and cultural area of Chuansha city street, the significance of renewal and activation of urban historic blocks under the background of COVID-19 is discussed. Promote the participation awareness and cultural consciousness of community residents through community museums, and advocate an inclusive, pluralistic and open community museum atmosphere in an equal environment.

Key words：COVID-19 pandemic; Community Museum; Zhongshi Street in Chuansha; Historical and Cultural Area; Protection and Renewal

疫情后博物馆行业的新发展模式

——关于定制化的思考

四川博物院　　杨文君

摘要： 疫情后各行各业都面临着全新的机遇和挑战，博物馆作为开放性单位在疫情防控中存在更大的困难。如何将疫情防控和文化传播工作两手齐抓，在最大限度降低疫情传播风险的同时继续做好文化传播并进一步发挥博物馆的社会价值是博物馆人急需思考的问题。本文尝试论述在疫情后时代背景下，博物馆开展定制化模式的可能性，以及定制化模式开展时需遵循的原则和适用范围等，旨在丰富疫情后对博物馆行业的新发展模式的多样性和创造性。

关键词： 疫情后时代　博物馆　定制化模式　定制展览　定制讲解

自 2020 年 2 月底在确保疫情防控到位的前提下，全国陆续恢复生产生活秩序，全国各行各业正在疫情大背景下稳步向前发展。博物馆作为文化宣传阵地，在复工复产之后依然肩负来自全国甚至全世界观众的接待任务，如何在疫情后时代背景下取得博物馆行业的新发展，探索新的发展模式显得尤为重要。作为博物馆行业的一员，在经历了疫情防控居家办公后又正经历着疫情防控常态化的博物馆工作，总结工作经验，并积极参与对疫情后博物馆行业的新发展模式的探索责无旁贷，谨以此文论述定制化模式作为疫情后博物馆行业的新发展模式的可能性及实施方式。

一　疫情后博物馆行业发展的主要模式

21 世纪以来，博物馆在技术手段上的创新主要体现在数字化网络的应用上。20 世纪 90 年代，樊锦诗先生首先提出"数字敦煌"的概念，即以现代数字技术永久保存敦煌石窟艺术，留存敦煌壁画，广泛利用现代科技资源，同步实现保护与传承。敦煌数字化保护之路的开启为文化遗产的保护创造了新的可能性。

事实上从 1992 年联合国科教文组织启动"世界的记忆"项目以来，以信息技术为主要手段的世界文化遗产保护和利用的数字化时代已经到来。但就像樊锦诗先生最初建立敦煌数字档案的目标一样，大部分数字化利用旨在对文物进行永久的保存。随着对文物利用的逐步重视，尤其是习总书记提出"让收藏在禁宫里的文物、陈列在广阔大地上的遗产、书写在古籍里的文字都活起来"后，几乎所有博物馆都特别重视梳理文物资源，并想方设法激活文物资源利用率。如今，大部分博物馆都开放了线上媒体资源，通过官方网站或者公众微信号等平台给公众提供博物馆资源。这些资源基本包括展览、专题、讲座、活动的视频、展厅三维场景、AR藏品、视频及语音导览等，通过一系列的科技手段，让观众足不出户就能精细观展。

疫情后，从国家文物局官方微博的"线上约会博物馆"推送全国博物馆网上展览资源示范项目开始，全国300余家博物馆、370余个线上展览项目陆续在平台发布。全国已有1300余家博物馆通过网站、微博、微信线上展览2000余项。其中包括故宫博物院的"全景故宫"、中国国家博物馆的"展览线上数据库"、敦煌研究院的"数字敦煌"等精品在线展览项目；北京、上海、浙江、广东、江西、陕西、宁夏等地通过各种方式和渠道，汇总当地在线文博资源，集中推出"云看展"，方便公众准确便捷上网浏览。西安去年疫情期间"云上国宝"音乐会吸引了超过2300万人次观看，使博物馆从传统单一的说教式展陈向多样化、复合型、互动式的展陈方式转型。足以见得，高度全面的利用数字化手段打造互联网＋博物馆成为疫情后博物馆发展的主要方式，但这种方式并不是疫情后时代的产物，只是疫情后时代背景加速了网络技术的应用和发展进程。而当疫情防控常态化，观众无法自由走进博物馆参观时，如何在做好疫情防控的同时有效开展博物馆线上线下业务显得格外重要。如今，零星散发病例和局部暴发成为疫情的主要特点，常态化已经基本回归了生活的主流，在继续保持互联网＋博物馆的发展模式的同时，可以更多尝试探索结合疫情防控要求的线下模式。

二　疫情后博物馆行业尝试定制化模式的可能性

2021年5月11日，中央宣传部、国家发展改革委、教育部、科技部、民政部、财政部人力资源社会保障部、文化和旅游部、国家文物局联合印发了《关于推进博物馆改革发展的指导意见》。《意见》指出，要坚持改革创新，坚持问题导向、目标导向、鼓励先行先试，推进博物馆发展理念、技术、手段、业态创新，破除体制机制束缚，释放发展活力。

《意见》把改革创新提到了重要位置，并指出要坚持问题和目标导向。疫情后博物馆的问题是什么？我认为博物馆发展的同质化是一个突出问题，就像上文所说，疫情后博物馆井喷式的狠抓互联网＋博物馆的线上模式，不可否认该模式的重要性和实效性，但新的业态方式对博物馆长久的发展有突出意义。疫情防控对于博物馆这类开放性场所来说本质上是要求避免聚集和保证人员管控，但"人气"是博物馆兴盛的主要标志，如何做好限流又有效提升人气，看似矛盾，但其实可以通过"定制化"将矛盾化解，做到在保障落实疫情防控要求的同时，形成差异化发展态势并促进博物馆业务向品质化发展。

国有博物馆受体制机制束缚，容易出现"想为而不敢为"的现象，开展业务的新想法、新办法常常败给"求稳"原则。但《关于推进博物馆改革发展的指导意见》中明确提到鼓励先行先试，破除体制机制束缚。这就给博物馆发展"定制化"模式提供了可能性。事实上，定制化已经在博物馆中出现，但是定制化的全面铺开和精细开展还没有形成，疫情后博物馆行业的新发展可以尝试定制化模式。

三 博物馆中的定制化

"定制"一词起源于萨维尔街，意思是为个别客户量身剪裁，由此不难看出，早期的定制一般是特权的体现。彼时的特权阶层为了彰显自己的与众不同，吃穿用度上都要特殊化。时至今日，奢侈品牌的高级定制依然不是大众的"蛋糕"，保持着身份地位的象征意义。追求"特权"带来的心理满足不仅仅是某些时期某些阶层的需求，也是其他阶层奋斗的目标。然而，与定制所匹配的高昂代价并不是所有人可以承受的，这就让"定制"这个词与高品质形成天然的联系。随着物质条件的日益丰富，定制已经不再如从前那样高不可攀，定制蛋糕、定制首饰、定制服装、定制旅游等日常行为已经让定制化从阳春白雪变成下里巴人，今天的"定制"集中体现的是个性化展示和人性化需求，这应该是今天我们所谈及的定制所具备的内核。

博物馆的定制行为的表现之一是通过将馆藏代表性文物经过现代化设计形成各馆独特的标志，用标志体现博物馆的定制化，这种保护知识产权的做法实际上也潜藏着定制的内核即个性化展示和人性化需求。比如四川博物院将青铜器设计为"火锅"造型，不仅充分利用了文物形象，也与四川美食火锅相联系，体现了浓郁的生活气息，也展现了四川安逸慢生活的地方特色（见图一）。利用这个标志，四川博物院专属的教育活动、出版物、文创产品都打上了"定制"特色（见图二）。当看到这个标志的时候，我们可以预判这个产品应该是具有四川博物院特色的，应该是有个性化特点和省级博物馆品质的产品，这些被标志了的产品实际上就是为满足博物馆参观人群的人性化需求而定制的。

图一

图二

四 疫情后时代助力发展博物馆定制化模式

如上文所说，定制化的操作方式实际上在博物馆已经司空见惯，但定制化的模式还没有形成。为什么说疫情后时代是定制化模式在博物馆大力发展的最佳时机呢？

疫情前，博物馆追求最大限度的"引进来"，尝试用各种方法吸引观众走进博物馆参观，但这种"门庭若市"的吸引力在疫情防控常态化的今天有潜在的危险。定制化的一个天然属性是针对特定群体开展定制业务，特定人群与常规人群相比，数量上自然降下来了，这天然符合疫情防控中避免人群聚集的要求，同时，特定人也具备可回溯的特点，可以有效保证对参观人员的信息掌握。

疫情前博物馆追求的"引进来"不仅是人数上的多多益善，更是时间上的长长久久。许多博物馆通过专业的讲解服务、丰富的社教活动、精美的文创产品等方式积极的助推观众在博物馆的停留时间，但大部分博物馆作为密闭空间在疫情后时代的限流要求下，不得不让这种长时间多数量的"引进来"按下暂停键。相对而言，疫情后时代需要的是适度的"引进来"，与大踏步的"走出去"。

"走出去"这个概念在疫情前的博物馆很常见，其中"流动博物馆"是一个具有借鉴效果的模式。"流动博物馆"实际上就是让部分文物通过特制的车辆走进偏远地区进行短期展览，期间配合社教活动的一种特殊陈展方式，很好地解决了偏远地区文化浸润的需求问题。由于文物的特殊性与开展活动的场地限制，博物馆"走出去"的项目相对于大本营更加的精品化。这种"走出去"的展览需要周全的前期筹备工作（这就是定制化的一种操作流程），其特点是展品数量不多，人员数量不多且可控性强，很好地满足了疫情防控的需求，本质上就是定制化的模式。

综上所述，定制化模式在博物馆中早已萌芽并且天然的满足了疫情后时代的防控需求，是值得探讨和倡导的新发展模式。

五　定制化模式的基本原则

博物馆与其他行业领域相比，有其特殊性。首先中华大地上的博物馆是党和国家的文化阵地，具有文化传承和文化输出的特殊功能，政治性和文化性是博物馆的本质属性。2019年国际博物馆协会京都全体大会上对博物馆的定义再次做了讨论，虽没有结论，但这些讨论的走向一定是不断拓宽博物馆的外延，最终让博物馆的定义更加广泛和深刻。就目前而言，通常情况下我们把博物馆定义为是征集、典藏、陈列和研究代表自然和人类文化遗产的实物的场所，对馆藏物品分类管理，为公众提供知识、教育和欣赏的文化教育的机构、建筑物、地点或者社会公共机构。其中足以见得，在博物馆定义进一步广泛之前，博物馆业务已经涉及到多个专业领域，诸如社会教育、艺术设计、考古学、历史学、博物馆学等。由此可见，专业性应该是博物馆的天然属性，而创造性是博物馆开展业务的时代需求，定制化模式要成为博物馆疫情后时代的新发展模式要特别遵循其运行的基本原则。

（一）坚定的政治性

习近平总书记强调："没有高度的文化自信，没有文化的繁荣兴盛，就没有中华民族伟大复兴。"中国特色社会主义文化，源自于中华民族五千多年文明历史所孕育的中华优秀传统文化，熔铸于党领导人民在革命、建设、改革中创造的革命文化和社会主义先进文化，根植于中国特色社会主义伟大实践。博物馆陈列的文物就是中华民族的历史见证，文物背后的故事恰好是中华民族精神的传承。博物馆作为社会公共文化教育的重要平台，在国家公共文化教育服务体系中占据重要地位。作为重要的文化阵地，政治问题是博物馆的根本问题，任何时候都必须旗帜鲜明的讲政治。坚定中国特色社会主义的道路自信、理论自信、制度自信、文化自信，倍加珍惜、始终坚持、不断发展中国特色社会主义，全面贯彻执行党的基本路线，任何时候都不能有丝毫偏离和动摇。博物馆的定制化模式应该是追求百花齐放的内容，但始终如一的本质，即中国特色社会主义的道路。坚定的政治性应该是定制化模式要遵循的根本原则。

（二）鲜明的文化性

这里的文化包含大小两层含义，"大文化"是指中国特色社会主义文化，这是每一个博物馆应该在定制化模式开展的过程中统一体现的，"小文化"则是指不同地区不同博物馆之间应尽可能旗帜鲜明地发掘当地特色文化来开展定制化服务。让定制化模式成为大小文化的载体，使文化可触摸可感受可流动的具象起来，最终呈现博物馆的鲜明文化性。传承文化是博物馆的天然属性，鲜明的文化性应该成为定制化模式的本质特点。

（三）独特的创造性

中宣部组织编写的《习近平新时代中国特色社会主义思想学习纲要》正文第十一部分，对新时代中国特色社会主义文化建设作了深刻阐述，《纲要》中明确指出："要坚持为人民服务、为社会主义服务，坚持百花齐放、百家争鸣，坚持创造性转化、创新性发展，不断铸就中华文化新辉煌。"创造性转化就是按照时代特点要求，对那些至今仍有借鉴价值的内涵和陈旧的表现形式加以改造，赋予其新的时代内涵和现代表达形式，激活其生命力。创新性发展就是要按照时代的新进步新进展，对中华优秀传统文化的内涵加以补充、拓展、完善，增强其影响力和感召力。

博物馆定制化模式的开展应该遵循传统文化的创造性转化和创新性发展要求，用现代手法讲好中国故事，这是博物馆开展定制化模式的基本要求。

（四）深刻的专业性

博物馆发展到今天，尽管名称不同，但几乎全世界的博物馆都设置有典藏、陈展、文物保护与研究、社会教育活动这几个重要部门。由此可见，博物馆是一个需要发挥各个领域专业作用的综合场所。虽说大部分博物馆研究的是千百年前的人、事、物，但实际上对这些历史的沉淀物的研究是一门发展的科学，科学性和专业性应该是博物馆在应用定制化模式时应该遵循的工作基础。

六 定制化模式的适用范畴

与博物馆已经存在的定制化工作方式不同，定制化模式应该有一套适用范围广的工作基本流程，在实际实施的过程中只需要根据具体项目的不同做调整就能达到良好的预期效果。在疫情后时代背景下，开展定制化模式最主要追求的就是如何在不聚集的情况下，让参与博物馆活动的观众可回溯并最大限度的实现博物馆的文化输出和教育功能。前文已经提到，定制化的工作方式在博物馆中已经自然形成，定制化模式作为疫情后时代博物馆行业的新发展模式又能在哪些业务范畴内进一步发挥作用呢？

（一）定制展览

博物馆不是展览公司，但陈列展览是博物馆具象化的主要手段，展览主题的定制一般是根据政策要求、馆内预算等具体情况提前确定，展览主题以文化历史类为主，但后疫情时代我们可以看到一个最典型的定制展览就是疫情稳定初期各个城市举办的抗击疫情展。如 2020 年 3 月中国海关博物馆发挥服务社会公众、弘扬海关文化的功能，利用 HTML5 技术交互网页设计制作了全国第一个"抗击疫情展"——"国门'疫'线"虚拟展览；2020 年 4 月，上海市"召唤—抗击新冠肺炎疫情美术、摄影主题展"在上海开幕，展出了 800 余件抗击疫情相关视觉艺术作品；2020 年 6 月"战疫— 四川抗击新冠肺炎疫情专题展"，展览的相关资料达 600 多件。彼时，南京、浙江、广州等地都掀起了抗击疫情主题展览的风潮。这些展览与以往博物馆陈列展示考古发掘的实物有很大差别，他们展示的是疫情后时代的当下产物，所以最及时的传递了正能量，也更容易激发时代热情，如果等"疫情后时代产物"作为文物再展出就达不到这样的效果了。这就体现了展示物上的新，而线上展览的风尚也体现了展示方式上的新。

定制展览有很大挖掘空间，博物馆应该借机思考如何在坚持原则保持本色的同时顺应时代做出新颖的定制展览。

2020 年 1 月 21 日，"蜀地海关 守关护宝——成都海关查获文物特展"在四川博物院开幕，这次展览一方面积极贯彻落实了习近平总书记关于文物保护工作的重要指示，提高公民的文物保护意识；另一方面展示了成都海关和四川文物部门在防止文物流失，保护文化遗产安全工作上的通力合作及取得的成果。事实上，定制展览确定主题时不必拘泥于深远的时空界限，可选择与政府、企事业单位等政治特色鲜明的领域开展合作，定制不同行业领域的主题展，传播现代文化中需要被重视的信息。比如，与社区合作，定制社区文化展，更清晰地展示社区文化的脉络；与司法系统合作，定制司法展，更畅通地宣传法治知识；与企事业单位合作，定制企业文化展，更清晰地反映当地经济发展路径。

定制展览的呈现方式也可充分考虑疫情防控需要，多借助科技力量，让实体展览和线上展览同步发挥作用，控制线下参观总数的同时利用线上虚拟展览扩大文化的辐射范围，满足疫情防控少聚集的要求。

定制展览的创造性不仅体现在呈现方式及合作单位的选择上，实施定制的过程中也可以突破年度预算的限制，由合作单位提供资金支持，博物馆提供专业支持。既能丰富博物馆年度展览数据，也能对当地尤其是小区域的特色文化传播起到积极的促进作用，通过定制化模式让博物馆在资金使用、内容呈现和文化传播精细度上都实现"新"态势。这是定制化模式在展览上发挥的重要作用。

（二）定制讲解

博物馆的公众服务项目主要包括开展讲解、讲座、专业培训、游学等内容。其中讲解是公众服务项目中最基础的一部分。目前，大部分的博物馆提供讲解服务都采用人工和数字两种方式，但是基于展览展品长期不变的特性，博物馆的讲解内容也是常年不更新。即使是人工讲解，讲解员在长年累月的工作中容易形成固定的讲解话术，讲解内容常年不变。由此，探索讲解的可变性、丰富性和灵活性尤为重要。此外，大众对博物馆讲解的需求有增无减，疫情后，观众扎堆听讲解的情况存在很大的隐患，所以使用定制化模式开展讲解工作迫在眉睫。

传统的讲解是沿着展线在固定的展厅内带领观众参观，定制讲解主要是开发出不同的讲解主题。根据主题，穿梭在不同展厅将主题内的文物串联起来，观众通过购买专题讲解或者预订讲解主题的方式获得定制讲解服务。一方面可以更新和丰富讲解的内容，不断灵活讲解方式，另一方面，可以有效控制观众数量，由于定制讲解的文物不一定在同一个展厅内，能有效避免人群在封闭空间内长时间的聚集。这是定制化模式在讲解服务上发挥的重要作用。

（三）定制开放区域

目前，疫情还存在不定时反弹的风险，博物馆在开放的时候应该做好预案。为最大限度的降低风险，可以尝试定制开放区域。博物馆展厅分区域轮流开放，在观众到馆之前就根据参观的针对性分流了，能有效地控制线下参观的人群数量。当然，疫情防控下依然要考虑文化传播的辐射广泛度，由定制开放区域带来的观众数量缺失可以通过线上观展的方式进行弥补。同时，可以尝试将典藏、文保等"神秘"区域纳入开放的范围，在疫情防控期间，让博物馆逐步完成从以前争取观众参观人数到深挖文化信息传递深度上的转变,同时满足购买定制服务人员可回溯的防疫要求。

七　结语

　　疫情后时代对博物馆发展是一个重大的考验，如何在限定人员流动的情况下拓展文化服务内容，强化文化传播力度，探索新的发展模式势在必行。以上仅根据博物馆从业人员的角度提出定制化模式的可操作性，期待在全新的时代背景下，博物馆能凭借创新和求变精神最大限度的发挥社会价值！

参考文献

[1] 陈凌云.博物馆文创产品的价值、设计方式和原则 [J].文化产业研究，2016(01): 144-158.

[2] 贺存定.博物馆研学旅行的定制化理念、模式及实现路径 [J].博物馆管理，2019(01):43-49.

[3] 罗琦.后疫情时代的博物馆发展对策 [J].文化月刊，2020(07):114-115.

[4] 王艺.浅析数字化技术与文化遗产的融合发展——以敦煌莫高窟为例 [J].美术教育与研究，2021(12):68-69.

[5] 李韵.博物馆线上服务：防疫展览两不误 [N].光明日报，2020-03-03(09).

[6] 樊锦诗.守正不移 奉献敦煌 [N].文艺报，2021-06-25(02).

The new development pattern of the museum industry after the COVID-19 pandemic

——thoughts on customization

Yang Wenjun, Sichuan Museum

Abstract：All the industries have to encounter new opportunities and challenges after the outbreak of COVID-19. As an open-door organization, Museums have to face severer challenges at the request of the epidemic prevention and control.

The museum people are badly in need of thinking about how to do well in both epidemic prevention and cultural diffusion; how to lower the risks of virus infection the most and at the same time to keep disseminating culture well; and how to provide the most social value of museum further.

This thesis is written to expound the possibility of using the pattern of customization under the particular background of the time in the epidemic and the principles we should follow, and the application range of the pattern when the pattern of customization is implemented. This paper is also aimed at enriching the diversification and creativity of the new development patterns of the museum industry after the outbreak of COVID-19 pandemic.

Key words: COVID-19 Pandemic; Museum Customization; Customized-exhibition; Customized-interpretation

后疫情时代博物馆发展思考

——以中山舰博物馆为例

中山舰博物馆　张　毅

摘要： 2020 年新冠肺炎疫情来势汹汹，各大博物馆迅速取消各项春节展览活动及参观服务，及时整合博物馆数字资源，利用微信、官网、微博、直播平台等载体，开启"云游"博物馆服务。在防控疫情的特殊时期，为广大市民送上精神粮食。在疫情得到控制，全国进入疫情常态化防控的后疫情时代，博物馆如何发展，本文以中山舰博物馆为例进行简要论述。

关键词： 后疫情时代　博物馆　线上

一　背景

2020 年新型冠状病毒肺炎疫情在全球范围内迅速蔓延，给人类社会造成了巨大的冲击，受疫情影响，博物馆积极开拓线上活动，这些线上活动的开展体现了博物馆服务公众、服务社会的责任心，也提升了博物馆在疫情期间的社会吸引力和影响力。面对疫情带来的危机，"云游"博物馆活动成为疫情期间游客参观博物馆的唯一选择。

受疫情影响的专题博物馆——中山舰博物馆，同样利用互联网科技，结合博物馆数字资源，推出"云游"博物馆、云展览、直播等线上活动。

二　中山舰博物馆的线上平台数字服务

（一）利用自身数字资源开启"云游"中山舰

2020 年 1 月 23 日，为避免人群聚集，防止疫情扩散，发布闭馆公告后的 10 天，中山舰博物馆充分利用互联网科技，挖掘自身数字资源，在 2 月 3 日通过微信公众推出"云游"中山舰线上平台参观展览服务，通过 720° 全景模式，向广大市民展示中山舰博物馆和中山舰旅游区全部内容，同时配有展厅和重点文物的语音讲解，让人们在"云游"中山舰的同时，倾听中山舰的风雨历程。

（二）利用线上平台开展直播互动活动

在疫情防控的特殊时期，中山舰博物馆为丰富"宅家"已久市民的精神文化生活，在微博一直播、斗鱼等平台开展了多次直播互动活动。

1. 在微博开展"文物知多少，我来考一考"互动活动

中山舰与中国文博、文博头条、超话社区以及各地博物馆联合发起了超话社区线上云观展的接力活动，2020 年 3 月 7 日至 3 月 12 日 6 天时间里，在中山舰博物馆超话内"文物知多少，我来考一考"有奖互动活动，其中以中山舰出水文物缆绳为题目，收获了 303 万的线上阅读量，既使冷门文物藏品重获"新生"，也达到与网友互动的目的，打破中山舰博物馆作为专题博物馆只有"一艘船"的印象，让更多的网友认识到中山舰博物馆不止是陈展一艘战舰，还保存了那个时期的各个方面。

2. "云游"博物馆，探寻中山舰的百年风雨历程

2020 年 3 月 12 日，中山舰博物馆在微博一直播、斗鱼平台开启了自己的直播之旅，讲解员变身为主播，带领网友登上中山舰，进入中山舰的舱室内部"探秘"，为网友详解这艘一代名舰的前世今生；又带着观众走进中山舰出水文物展厅，由孙中山半身像开始讲述孙中山与梅屋庄吉的友情故事；由汉口赞誉汽水瓶介绍武汉的工业发展；由"汉口豫成绸缎呢绒局"脸盆讲述武汉民众在抗战时劳军的热烈场面……在短短的一小时直播期间，各平台累计有近 45 万人次观看，这次直播让更多人参观到博物馆未开放区域，让公众对于博物馆有更为深入、立体的认识。

（三）"云游"博物馆友谊与承诺——孙中山半身像

疫情期间，中山舰博物馆在微博推出："友谊与承诺——孙中山半身像"，它不仅是一尊雕像，更是孙中山与日本友人梅屋庄吉友谊的见证。活动详细解说了孙中山和梅屋庄吉之间深厚情谊，累计获得 31.8 万人次观看。

（四）"舰证·战疫情"直播活动

在"5·18 国际博物馆日"到来之际，中山舰博物馆邀请到抗疫见证物的原主人，以中山舰为证，"舰证·战疫情"——请他们讲述自己的"战疫"故事，"最美逆行女孩"甘如意与她骑行返汉的自行车重逢；"组局人"汪勇如何以一己之力拉起服务医护的网；中建三局金晖总工程师揭秘火神山医院建设……同时在微信公众号

开启"舰证·战疫情系列连载"，多平台立体展现。

（五）"云游"中山舰，传承英雄精神

6月1日，中山舰博物馆接棒由国家文物局指导，湖北省文化和旅游厅、中国文物教育中心主办的"英雄武汉英雄城，革命精神永传承"武汉市革命文物线上展示活动的第六站，在一个多小时的直播活动中，各大平台共有549万余人次"云游"中山舰博物馆。通过讲解员的精彩讲解，带网友们登上中山舰，探索其中秘密，向网友展示中山舰的"前世今生"，传承抗日英雄不畏艰难，奋勇向前的精神。

中山舰博物馆通过以上平台开展云直播、云展览、云互动等一系列的"云游"展示服务为观众展现了一个多元的中山舰博物馆，讲述了各种出水文物背后的故事，让观众了解到那个时代的方方面面；带领观众参观博物馆的未开放区域，让观众对于中山舰博物馆有更为深入、立体的认识，通过"舰证·战疫"承载武汉抗战和武汉抗疫的历史记忆，传承不畏艰险，奋勇前进的民主精神，满足观众的精神文化需求。

三 线上新媒体对博物馆发展影响

疫情让博物馆从线下走向线上，纷纷推出以线上"云游"博物馆为主要内容的模式并获得成功，博物馆云展示成为新时期服务观众、推动文物资源活起来的重要方式。

（一）降低了参观博物馆的成本

由于不受实地参观博物馆限制，线上"云游"博物馆通过文字、图片、音频、视频等方式，把博物馆文物展品和背后的历史上传到线上平台，为网上观众展示博物馆的展品，相较于花时间去博物馆参观，极大的省去观众参观的时间、经济成本，更易于服务不便出行的特殊人群。以中山舰博物馆为例，按照文物保护"合理利用""史以地近"的原则，中山舰博物馆选址金口，而金口位于武汉远城区，中心城区居民前来参观往往需要一个半小时以上，对于特殊人群而言更为不便，但是线上"云游"博物馆打破了这些壁垒，线上的便利延伸了参观展线，拓展了参观博物馆的观众群体。

（二）丰富了博物馆的展览和宣传方式

线上"云游"博物馆按照文字、图片、音频、视频的展览方式向网友更加具体、完善地介绍文物和文物背后的历史，此外还通过网上浏览数据来判断公众对各类文物、各项互动活动、各类科普教育视频的喜爱程度，以便更有因势利导提升这类数字化资源的质和量。

（三）拉近了博物馆与观众之间的距离

疫情期间，观众虽然无法到博物馆现场参观，但线上"云游"博物馆，拓展了人与人之间的信息交流，尤其是直播，观众和博物馆人实现即时交流互动，提高了网友的积极性。同时在直播中，网友不仅可以看到珍贵文物，看到平时不对外开放的区域。例如中山舰博物馆在"云游博物馆探寻中山舰的百年风雨历程""云游中山舰，传承英雄精神"两场直播中带网友们登上中山舰，探索其中秘密，让观众近距离地游览中山舰，打破线下中山舰难以接近的高冷印象，进一步拉近了观众与博物馆之间的距离。

（四）提供博物馆数字化共享平台

线上"云游"博物馆收集博物馆藏品的大量信息，如图像、视频、音频和文本内容，经过数字化编辑后，被并展示在官方网站、微信、微博等其他载体上。这种方式重现了实体博物馆的展示内容，参观者可以通过互联网随时随地了解更多关于博物馆展品的信息。

（五）有利于传统文化传播

中国互联网络信息中心（CNNIC）在京发布第 48 次《中国互联网络发展状况统计报告》显示，截至 2021 年 6 月，我国网民规模达 10.11 亿。8.88 亿人看短视频、6.38 亿人看直播，短视频、直播正在成为全民新的生活方式，这给线上博物馆传播传统文化提供了便利，能够让更多的人去了解我国的传统文化。线上博物馆利用短视频的形式进行展示，将画面和文字结合在一起，展现形式更直接，对于观众来说更加直观，更加生动，使得我国的传统文化的传播更加的有效。如中山舰博物馆在 2021 年新春之际推出的"江城变迁——江夏非遗记忆特展"同时通过微博非遗过大年话题活动，微信推出的"非遗过大年——江夏非遗记忆特展"系列，从大年初一到初六，从传说故事到炸丸子、烧鮰鱼、烧腊、采莲船到最后荆楚刺绣，每一天以听觉、视觉、味觉等方式，让观众感受江夏风味，感受传统年味。这对传统文化的传播起到积极的作用，可以让更多的人了解我国的传统文化。

四 后疫情时代博物馆发展思考

（一）提高人员素养，增强直播水平

博物馆人员的专业素质对博物馆文化的传播起着非常重要的作用。面对疫情给

博物馆带来的冲击和变化，博物馆从业者要有与时俱进的理念，不仅要做好传统博物馆展览、社会教育等线下服务，还要接受在线云博物馆带来的新技术挑战。如何将博物馆文化带给更多的观众，将成为后疫情时代博物馆发展的重要内容。博物馆需要建设一支优秀的沟通、传播队伍，使博物馆既满足于场馆参观者需求，也服务互联网观众的需要。博物馆进行直播的人员并不是专门从事直播行业的人员，大部分是由博物馆宣教部门人员来进行直播，水平可谓参差不齐，其服务质量有待进一步提升。首先，直播的主播人员要提高素养，主播的解说技巧、知识储备直接决定了直播的效果。其次，主播人员要有良好的心理素质。只有具有良好的心理素质才能应付承受和调节各种心理压力，摆脱各种心理困扰的能力。主播的心理状态如何，直接影响着他的直播行为，稳定的心理素质和良好的应变能力是直播成功的保证。在直播间"云游"博物馆虽然省去了前往博物馆和排队的麻烦，但由于面对数量更多网友观众，主播很难做到快速地为所有观众释疑解惑。有人关注文物的轮廓大小，有人好奇其文化背景，有人对其挖掘过程更感兴趣，这就需要主播冷静应对，良好把控直播的节奏对网友进行解答。最后博物馆直播的内容不仅仅是走马观花式的背完简介亦或讲解词，而是要挖掘文物背后的故事，让观众理解对于文物的解释并学习背后的知识。

（二）以人为本，提升服务质量

有奖竞猜问答、直播、短视频……有各种形式的在线互动活动，但只要有互动，就要有服务，而在线上服务意识和服务内容方面，多数博物馆还有待提高。以直播为例，现在的博物馆直播大多借用微博、抖音、斗鱼等平台，有很多观众无法及时找到直播入口，也有网友即便进入了直播，因为没有良好的互动，看了不久便会退出。因此在这种线上活动发布时，博物馆要放下身段，改变观众被动接受的传统方式，需要重视观众，了解观众所需，要及时在官网、微信公众号、微信朋友圈、微博等自媒体平台做好链接入口的发布并制作预告海报或短视频宣传，同时根据展览内容发布探讨话题，提前收集了解网友观众的需求，激发他们对线上活动的兴趣，提前达到预热直播节目的效果。通过诸如此类方法提升观众在线上活动中的参与度。

（三）树立品牌意识

线上"云游"博物馆不应该只是简单地将实体展厅亦或者文物搬到网上，博物馆应从自身特色入手，深入挖掘文物背后的故事。每个博物馆都有自己独有的文物品牌和历史，这个品牌是依托自身文物特色，在此基础上设计一系列社教活动和文创商品，来强化公众对品牌的印象，加深对博物馆的了解。线上博物馆的发展为博物馆打造自身品牌提供了便利，使博物馆在推广具有自身特色内容时更容易获得关注，例如作为专题博物馆的中山舰博物馆在微博推送的《名舰"云"课堂——近代海军发展史》开展具有自身博物馆军舰特色的教育活动。在树立品牌意识的同时，要保持线上内容体系的连续性，推出系列视频，定期宣传，这就需要在策划内容时的全盘、大局意识。

（四）独特的内容选题

线下讲解模式如果被用于在线短片视频和直播，无疑会让网民感到疲惫。因此，线上内容的选择也特别重要。应该抓住对观众最感兴趣的地方。博物馆的各项活动都是以教育为目的，针对网上不同的社会群体，需要作出针对性的教育方案，满足多样化的需求，才能吸引线上群体，达到博物馆教育的目的。比如：博物馆未对公众开放的区域永远会吸引观众的好奇心，我们便可以通过短视频或直播带领观众参观博物馆的藏品保管区域和未开放区域，让公众对于博物馆有更为深入、立体的认识。

（五）专业技能的培训和提升

为适应线上博物馆服务的需求，需要加强栏目策划，摄影摄像、配音剪辑等各方面人才培养。摄像造型，光线、色阶运用、光学镜头和运动、场面调度、电视画面设计、构思、拍摄技巧等都需要专业技能。博物馆从业人员应以此为契机反思使命职责，不断提高业务水平，深入学习当代数字技术的发展应用，为博物馆文物资源的线上展示传播提供技术支持，结合线上传播特点，策划直播、展览活动，提升线上服务质量，获得观众的文化认同。

（六）移动端 APP 的开发

观众通常有两种方式访问虚拟观众博物馆，一种是通过相对固定的设施，如PC 机，该设备通常位于固定位置，只能在特定的时空范围内使用。另一种方式是通过移动终端访问。在现代快节奏的生活中，人们可能没有时间真正参观博物馆，没有时间坐在电脑前参观博物馆。然而，当前互联网技术的发展使得智能手机和平板电脑等移动设备非常流行，人们几乎可以在任何地方使用互联网。你可以随时用手机参观博物馆，而且这种参观的时间限制很小，而且参观非常灵活。因此，建设博物馆专属 APP 是智能博物馆建设的重要组成部分，可增强观众的粘性，形成稳定的用户，扩大博物馆的影响力。

（七）推进线上线下多维度合作

一场疫情让博物馆线上活动成为新时期博物馆服务观众的全新方式，也成为线下博物馆的有益补充。随着全球交流的发展，疫情也会此起彼伏，后疫情时代线上与线下有机结合将成为博物馆公共服务的主要方式。博物馆在服务线下观众的同时，可以将活动资源一同搬到网上。中山舰博物馆在 2020 年 8 月 1 日第 93 个建军节来临之际，举办了"苦难·辉煌——舰证中国海军百年展"，此次展览在博物馆场馆举办的同时，也在一直播平台开启了八一建军节"苦难·辉煌——舰证百年" 特展直播活动，累计获得了 18.2 万人次的在线观看量，百倍于博物馆线下参观人数。今后博物馆线上线下活动的契合度将更加紧密，这就要求我们博物馆人要转变传统思维方式，积极推进博物馆线上线下多维联动，全面提升博物馆的社会服务能力。

（八）尊重版权

随着互联网的突然出现，知识被放到了网络上，知识的传播方式和发展轨迹也发生了变化。网络的传播速度之快，是一把双刃剑。对于信息的传播，话题的炒热有着正面的作用，但是一旦发布的内容涉及侵权时，同样会迅速受到反噬。因此博物馆在编辑发布线上"云游"的内容时，应该慎重，在网络直播或者发表制作的图片和视频时，要注意对作品中素材的版权进行审核。

五 总结

后疫情时代，博物馆如何依托数字资源，利用互联网科技打破时间和空间限制的优势，把握主动，实现创新，需要不断实践。

"线上博物馆"既是疫情的需要，也是博物馆改造的必然选择。疫情给博物馆的发展带来了新的挑战，这既是挑战，也是机遇。博物馆公共服务边界的扩展是不可避免的，从有形有限房屋建筑的边界扩展到无形、无限网络上的云端，在打开空间屏障后对博物馆更加开放。

后疫情时代，"线上博物馆"成为常态，线上博物馆与传统博物馆相辅相成。线下博物馆是一个立体的开放空间，展厅的光线和展示方式影响着对展览的体验。而线上则是将现实虚拟化转变为知识和图像，其内容可以用于预热和回顾。博物馆人员必须与时俱进，调整思维方式，积极展示博物馆线上、线下互动，提升博物馆多元文化服务，促进文化资产的数字化和利用。

参考文献

[1] 耿雷，韩冰 . 后疫情时代数字化虚拟博物馆发展探究 [J]. 大观 ,2021,No.250(06):102-103.

[2] 唐一娇 . 论后疫情时代博物馆线上游的发展——以"云游中海博"为例 [J]. 航海 ,2020,-

No.249(05):16-18.

[3] 金彩霞 . 浅谈疫情影响下博物馆的建设与发展 [A]. 北京数字科普协会、首创中传传媒产业创新中心 . 科学与艺术——新时期多角度下的融合与创新发展 [C]. 北京数字科普协会、首创中传传媒产业创新中心 : 北京数字科普协会 ,2020:16.

[4] 罗琦 . 后疫情时代的博物馆发展对策 [J]. 文化月刊 ,2020,(07):114-115.

Thoughts on the development of museums in the post epidemic Era

——Take Zhongshan Warship Museum as an example

Zhang Yi, Zhongshan Warship Museum

Abstract: In 2020 novel coronavirus pneumonia epidemic was threatening, the major museums quickly cancelled the Spring Festival exhibition activities and visiting services, timely integrated digital resources of museums, and used WeChat, official website, micro-blog, live broadcast platform and other carriers to open the "cloud and swim" museum service. In the special period of epidemic prevention and control, provide spiritual food for the general public. After the epidemic situation has been controlled and the whole country has entered the post epidemic era of normalized epidemic prevention and control, this paper briefly discusses how to develop the museum by taking Zhongshan Warship Museum as an example.

Key words: Post epidemic era; museum; on-line

观众体验对博物馆新馆建设影响的思考

——以湖北省博物馆三期新馆为例

湖北省博物馆　　黄翀宇

摘要：近年来博物馆高速发展，全国各地不断涌现博物馆新馆及场馆改造，展馆及展览的提升受到广大社会民众的普遍关注，观众参观博物馆的热情日益高涨。但博物馆新馆开放后，随之而来的观众诉求、观众满意度等方面问题，给博物馆运营带来了很多的困惑。本文以湖北省博物馆三期新馆开放为例，从观众与博物馆身份转变的角度，来思考观众反馈与评量对博物馆新馆建设的重要作用与影响。

关键词：观众期待　博物馆新馆建设　博物馆责任

2021年12月20日，湖北省博物馆迎来新馆开馆。开馆消息一出，大家闻风而至，短短几日已突破几万人次。目前疫情防控趋于常态化时期，在疫情防控相关规定与要求的管控下，仍然无法阻挡大批观众蜂拥而至到湖北省博物馆新馆参观。作为此次新馆展览标段负责人的我感到无比的激动，在感谢大众对于博物馆事业大力支持和鼓励的同时，我们不可避免的承受着更大的压力。即便是在"限量、预约、错峰"等严格管控条件下，仍然有超出我们预期的参观人数，无论是对于疫情防控，还是馆舍开放运营都提出了更高的要求。由此带来的一系列问题，引发了观众的热议和我们的深思。

一　观众在博物馆新馆建设中发挥重要的作用

2021年7月5日中华人民共和国文化和旅游部公布了《中华人民共和国文化和旅游部2020年文化和旅游发展统计公报》，数据显示全年全国各类文物机构共举办陈列展览29347个，比上年减少1355个。其中，基本陈列16682个，增加1658个；博物馆接待观众52652.35万人次，比上年减少53.1%，占文物机构接待观众总数的 85.4%。[1] 从统计公报的数据来看，因受到疫情的影响，在全国各类文物机构举办的陈列展览的数量及接待参观的人数相比较于 2019 年均有所减少的情况之下，基本陈列的数量反而增加，占全年陈列展览数量的 56.8%，并且博物馆接待观众在文物接待机构观众总数减少的情况下，仍然保持去年的占比率。以上数据充分说明，就 2020 年至今，全国博物馆新馆建设及基本陈列提升的数量远远超过往年，博物馆新馆建设呈现快速发展新趋势。

博物馆是国家与地域的标志性建筑，同时承继着时间（历史）与空间（环境），及不同种族的文化特质，在不同诠释与应用的机制下，其目的性仍然有物质（典藏保存、资源）与精神（哲学、美学、价值）的意义存在，并以增加知识，作为人生智慧开发的要素而存在。[2] 博物馆不仅是文化机构更是一种传播历史的媒介，更是历史的缩影。近年来，博物馆日益成为公众接受二次教育的学校，观众愿意用更多的时间走出家门来到博物馆，享受历史文化的熏陶，在愉悦的心情中增长自我文化知识，体验品质空间，接受更为优质的服务，提升自我的眼界与认识。

随着博物馆建设的快速发展，博物馆的社会职能也在不停的发生变革，已不再是简单的"藏品"罗列的场所。博物馆反映着城市的文化形象，表达着城市的文化精髓。并且在广大民众中扮演着不可或缺的角色"。[3] 它成为一个复合型的空间，存在于社会群体当中。

博物馆的社会职能与其他文化机构相比较有明显的不同，虽然在一般的社会功能中表现的是藏品收集、保护与研究等基本功能作用，但是我们不能不意识到它同样具备服务功能与教育功能，而且服务与教育功能日益凸显。博物馆的社会功能的变化，使得博物馆与观众之间的关系发生了改变，变得更为亲密。不再是"一厢情愿"地认为观众会在博物馆中学到知识、得到启发、感到愉快，而得真正地站在观众的角度上认真研究这些观众的体验是否真实。[4] 观众的反馈与评价成为博物馆建设的考量标准，观众不仅是"参观者"，他的使用体验和观感体验都能映射出在博物馆建设过程中，是否站在"使用者"的角度，真正在博物馆建设中得到自身价值的肯定。而这种能够满足观众的期望与诉求也成为博物馆社会功能的具体表现。

博物馆与观众的关系是相辅相成的。在博物馆为大众提供良好的社会公共服务的同时，观众也成为考量博物馆建设工作的必要基础，尤其是博物馆展览效果的标准。科恩在《评估入门：理论与方法》中指出："观众研究的评量代表的是博物馆

[1] 中华人民共和国文化和旅游部 . 中华人民共和国文化和旅游部 2020 年文化和旅游发展统计公报 . 载中华人民共和国文化和旅游部官网，http://www.gov.cn/xinwen/2021-07/05/content_5622568. htm.

[2] 黄光男 . 博物馆企业 [M]. 北京：文化艺术出版社，2011:77.

[3] 单霁祥 . 关于新时期博物馆功能与职能的思考》[J]. 中国博物馆 ,2010(4):6.

[4] Hein, G. E., Learning in the Museum, London: Routledge, 1998:5.

对于观众的承诺、追求卓越的希望以及了解和呈现博物馆体验的期待，观众研究能提供引导判断和决定的信息，澄清活动的选择，促进观众关系并且让博物馆人员知道观众是如何在博物馆内思考和表现的。"[1] 观众不再简单地满足于以参观者的身份被动地参加博物馆活动，他们更希望能够参与到博物馆建设及日常活动当中，寻求自我价值的认同。

二 开新馆、新馆开

湖北省博物馆三期新馆整体改扩建工程于 2013 年正式启动，建设内容包括文展大楼、文物保护中心、文物研究中心、游客接待中心、设备楼等部分。南主馆（文展大楼）、北主馆（综合馆）以及东馆（楚文化馆）、西馆（编钟馆）呈两主两翼"品"字形分布，并与北广场、入口门楼共同形成"楚宫双阙对阳台"格局。整体建成后总用地面积 85000 ㎡，总建筑面积 114000 ㎡，其中展览面积 36000 ㎡。

（一）面积大

湖北省博物馆作为湖北唯一的省级综合性博物馆，经过一期、二期展馆建设及考古文物保护研究，相较于二期（综合馆）改造后建筑面积从 49000 ㎡ 直接扩大至 114000 ㎡，展览面积由原有的 13400 ㎡ 扩展至 36000 ㎡。展览面积成倍数的增长，如此大规模的投入建设省级综合性新馆实属不易。此次新馆开放的区域几乎横跨整个南北馆区，包括南主馆（文展大楼）、北主馆（综合馆）以及东馆（楚文化馆）、西馆（编钟馆）、观众服务中心五大建筑主体，游览的整体面积扩大 2.5 倍。

（二）展览多

此次新馆总体策划 10 个展览同期向观众开放。南主馆（文展大楼）整体策划呈现 6 个基本陈列，2 个临时展览。包括对原有展览进行提升再创新的"曾侯乙""梁庄王珍藏——郑和时代的瑰宝"；有对多年藏品梳理与整合后，再次呈现至观众面前的"楚国八百年"；有将最新考古成果向观众展示的"曾世家——考古揭秘的曾国""越王勾践剑"和"天籁——湖北出土的早期乐器"三个全新策划的展览；还有同期推出的两个临时展览"湖北省博物馆馆藏书画展""保利艺术博物馆馆藏青铜展"。北主馆（综合馆）也同期推出 2.0 新版"荆楚百年英杰"展览，东馆（楚文化馆）同期推出多媒体数字展"永远的三峡"。10 个不同类别与形式的展览同

[1] Korn,R.，"Introduction to evaluation:Theory and methodology," In Berry Nancy and Susan Mayer eds., Museum Education, History, Theory, and Practice, Reston: National Art Education Association,1989.

期开放，展现了博物馆展览陈列的多样性，也体现了其强大的可塑能力。从三期新馆南主馆（文展大楼）的展览类型上看，在展览策划之初，就已充分考虑展览内容丰富程度与展示手法多样性运用的问题："曾侯乙"展侧重曾侯乙的生活，"曾世家——考古揭秘的曾国"侧重考古新发现，"楚国八百年"侧重楚文化风貌的描绘，"梁庄王珍藏——郑和时代的瑰宝"侧重艺术表现，努力在展览策划设计中对不同的展览类别进行大胆的尝试与挑战。

（三）展品多

此次新馆的开放，整体展出文物数量总计达到 24 万余件（套），除展出郧县人头盖骨、曾侯乙编钟、越王勾践剑、元青花四爱图梅瓶观众耳熟能详的明星展品外，还有今年观众评选出的"十大镇馆之宝"：曾侯乙尊盘、云梦睡虎地秦简、虎座鸟架鼓、彩绘人物车马出行图、石家河玉人像、崇阳铜鼓等也在此次新馆展览中集体亮相。其中还有与大家数十年未谋面的"九连墩楚墓出土文物"，也能够借此次新场馆新展览的机会，在"楚国八百年"展览中与阔别已久的观众再次见面，给予对楚文化有浓厚兴趣的观众来说，属于饕餮盛宴。

在合理安排展出馆藏文物的同时，还增加了近年来湖北省考古新成果作为此次展览中的新展品。如"曾世家——考古揭秘的曾国"展出了近年来各大曾国考古遗址的最新考古成果：2002 年、2014 年两次发掘郭家庙曾国墓地出土的金银合金虎形饰、凤纹玉饰；2011 年和 2013 年发掘叶家山墓地出土的盘龙铜罍、半环形铜钺、师铜鼎、师铜方鼎（4 件）、麻于铜卣、麻于铜尊、原始瓷、象牙等。尤其是最为大家关注的，2019 年在日本拍卖会上出现一组非法从我国出境的"曾伯克父"青铜组器追缴回国后，首次在新馆展览中亮相。"曾伯克父"青铜组器是在外交努力与刑事侦查合力推动下，经过国家文物局启动流失文物追索行动终于回到祖国的怀抱，是我国近年来在国际文物市场成功制止非法交易、实施跨国追索的价值最高的一批回归文物。这些无不体现出祖国的强大，文博事业的日新月异，观众对博物馆的热情高涨。

（四）观展线路长

此次新馆展览无论是原有展览再创造，还是策划全新的展览，在展览空间上都考虑到展品与展品之间、展品与公共空间、观众与展品之间、观众与公共区之间，都在多重空间上给予最大限度的自由，力求营造舒适、恬静的观展学习氛围。如"曾侯乙"展原展览面积为 2200 ㎡，而在新馆被设计为上下两层区域，展览面积扩大至 3800 ㎡；"梁庄王珍藏——郑和时代的瑰宝"原展览面积为 600 ㎡，现在新馆展览面积扩大至 900 ㎡；"曾世家——考古揭秘的曾国"新馆展览面积 1900 ㎡；"越王勾践剑"新馆展览面积 400 ㎡；"楚国八百年"新馆展览面积 2700 ㎡；"天籁——湖北出土的早期乐器"新馆展览面积 600 ㎡。所有展览在空间布局上都给予了最大程度的扩充，最舒适的调整与展现，在内容设置与设计创新上也同步进行了提升，观展线路较以往成倍数增长，展览更为舒朗，空间更为通透。

三　多问题、问题多

新馆展览的顺利开放，对我们这群为此奋斗上千个日夜的博物馆人来说是一件可喜可贺的大事。观众对于我们的新场馆、新展览的持续关注，是对我们日以继夜工作和对我们这份事业执着的肯定。但随着新馆开放运营后，一系列问题也不可避免地逐步浮现出来。

（一）观众人群结构多样化

湖北省博物馆三期新馆自 2021 年 12 月 20 日正式面向观众免费开放，消息一出，首日开放的预约门票就在官方微信公众号预约平台瞬间爆满。相比去年同期时间观众参观量成倍数的增长，观众对于湖北省博物馆新馆热情高涨满怀期望。伴随参观人数的日益增多，对于新馆的评价各有千秋。评价的差异折射出观众的年龄、性别、生活背景、教育背景等等个体差异，观众个体来博物馆目的性的差别，个体的差异与目的性的不同，导致观众来博物馆的体验感受会有所不同。如：少儿观众，可分为学龄前儿童（3—6 岁）与学龄儿童（6—12 岁），学龄前儿童主要是跟随父母或家人陪同来到博物馆参观，其教育背景主要是家庭教育与儿童体验教育，虽然年龄幼小但是他们仍然属于博物馆观众的范畴之列。他们对于博物馆的认知更为直观地体现在自身体感感受，对博物馆公共环境的敏锐程度远远胜过成年人。而学龄观众虽然也是在家长的陪同下来到博物馆，但是他与学龄前儿童有很大的不同，他们在进入博物馆之前已通过相关的课本与绘本对历史文化有了一定的背景知识储备，无任何知识背景观展与有充分理论知识后再观看展览，观感体验会有本质上的区别，可以说他们是抱有目的性地来博物馆，是来寻找书本上的知识点解答他们的疑惑。这种体验感受不仅限于公共空间，还应当包括观众与文物、文物与文物、文物与空间、观众与空间等多方面的感知刺激与体验。

然而来博物馆的观众群体结构中还存在着地域甚至文化背景的差异性，这些不同结构的观众群体对于湖北省博物馆新馆来说，都是一项巨大的挑战。差异导致观众对于博物馆新馆的整体感受均有所不同，从而影响观众对于博物馆的整体评价。如何提高广大观众的满意度，如何能够得到观众的客观评价及评价信息的筛选甄别则是博物馆新馆建设中最为棘手的问题所在。

（二）博物馆运营配套设施的设置

随着来博物馆参观的人群越来越多，对于博物馆的考量与评判不再仅限于陈列展览，更多的是对于博物馆的整体考量。就整体考量而言，虽然展品与展览是最为重要的考量内容，但是博物馆运营配套设施及服务的好坏也在考量的范畴之中。

观众来到博物馆尤其是新的馆舍，最直接的感受就是公共空间的使用体验。使用体验的考量往往早于观展体验，而且对于公共空间的确切感受，能够很直观延伸到观展体验之中，影响在展览空间中的观展情绪。

对于博物馆新开设的馆场而言，公共空间内设施设备及配套服务都需要进行精细的思量。如：博物馆公共区域配套服务的设施设备的设置问题就是对于博物馆运营的巨大考验。大到供电供水、中央空调、电梯、疏散通道，小到洗手间、饮水机、垃圾桶、休息椅等基础设施的大小、数量、位置等都是一门大的学问。

就仅仅饮水机、垃圾桶、休息椅而言，体积的大小和数量的多少关系到在公共空间所占比例关系，直接影响观众进入场馆的使用体验。体积过大使用方便但会过于醒目，影响整体美观；体积太小使用性能有限制，担心观众使用是否便利。数量的多少关系到观众使用是否方便，也影响整个公共空间其他设施的合理布局。数量少不够用；数量多占地方。位置的设置也非常难考量，放在参观动线上，容易形成拥堵，人员扎堆，影响参观路线与参观效果；放在隐蔽处，路程远观众不愿意去，往往形同虚设无法起到作用等等。这都是博物馆新馆运行中遇到的最为直接，不可避免的问题。

（三）博物馆人才的短缺

开新馆、新馆开。除藏品、展览、配套设施等最直观的问题外，在运行过程中最根本的是人才的短缺问题。藏品保护、展览设计实施、展览讲解、配套设施维护、场馆设备的运行、藏品安全等等都需要大量的博物馆专业人员、后勤人员、内部管理人员、保卫人员、讲解员的通力合作才能实现博物馆正常运营。但在新馆运营过程中，尤其是新馆开放期间，源源不断的观众群体，层出不穷的观众诉求，使得博物馆人才短缺的问题更为突出。

博物馆赋有教育、研究、欣赏、有目的征集、保护、研究、传播的作用。[1] 从各项职能界定来看，博物馆就是为观众提供艺术性教育的公益性场所。专业性人才的短缺会直接影响博物馆社会功能有效发挥，服务质量的下降，观众体验感受削弱。以博物馆讲解员为例，讲解是以陈列为基础，运用科学的语言和其它辅助表达方式，

[1] 国家文物局.国际博物馆协会章程（2007 年 8 月 24 日在维也纳 [奥地利] 通过）.[EB/OL] [2015-05-12][2022-04-12]http://www.ncha.gov.cn/art/2015/5/12/art_2303_42828.html.

将知识传递给观众的一种社会活动。讲解员是沟通博物馆、纪念馆与社会的桥梁和纽带，是博物馆的名片，讲解服务的质量和水平直接影响着观众的受教育和参观质量，影响着博物馆的窗口形象，甚至影响到一个地区和国家的形象。[1] 所以讲解员在博物馆中是一个非常特殊的关键岗位，讲解员区别于一般的导游，是具有专业性、艺术性、知识性的综合岗位，在专业素养方面要求高之外，个人素养要求也非常得高。

培养一个优秀的讲解员是非常困难的一件事。一个优秀的讲解员必须具备良好的综合素质，在个人的知识储备方面也需要其具有较高的学历背景，年龄特征在18—22岁之间，并且在接受新事物的能力和工作积极性方面要求都非常严格，其中还包括自身具备的先天条件例如嗓音、形象等是通过后天无法达到的要求。这就使得优秀讲解员的培养成本与时间成本大幅度的增加。

新馆的开放运营，观众对讲解员的需求猛增，但培养优秀讲解员的速度无法与之相匹配，造成人员缺口。观众需求无法满足，热情大幅度下降，无法保证观众群体长期稳定的来馆参观的热情，造成对博物馆反馈与评估偏低的现象，而这些直接转化成制约博物馆发展的重要因素。

四 观众的期待，博物馆的责任

博物馆是以"物"为基础，来展示"人"，并且服务于人的文化场所。博物馆学者认为博物馆与观众之间的互动是双向的运作，所包含的活动和专业上的体现，能让大众接近研究之文物与成果。[2] 那观众在博物馆中到底需要什么呢？除了以"学习目的"来博物馆的特定人群观众外，绝大多数的观众都只是将参观博物馆当做是一种"打卡"的休闲活动行为，并不会有明确的"学习目标"。目的性的不同促使观众对于博物馆的期望也有很大的区别，但是无论抱有何种目的，简单的参观活动已远远不能满足观众的文化诉求。更多的观众愿意参加那些和他们态度、价值观相符的展览，以及那些能够引起观众反馈，并且具有个体相关性和接触便利性的展览。[3]

虽然观众群体结构多样化，但无法阻止观众期待着能够参与到博物馆建设过程之中，这不仅是对于博物馆学习研究的需求，更多的是想得到博物馆文化认同，及其身份的肯定。观众在博物馆的"学习目的"和身份的认同，会直接影响其文化认

[1]讲解员百度词条[EB/OL],https://baike.baidu.com/item/%E8%AE%B2%E8%A7%A3%E5%91%98/8478688?fr=aladdin.

[2]Hooper-Greenhill, Eilean, Museum and their Visitors, London and New York: Routledge, 1994, p140-169.

[3]严建强.在博物馆学习：博物馆展览中的认知与传播 [C].扎哈瓦·朵琳著，尹凯，王思怡译.陌生人，客人还是客户：博物馆中的观众体验.浙江：浙江大学出版社，2020:209.

同的诉求是否得到满足，也直接影响观众对于博物馆建设是否满意的反馈与评估。

观众的反馈与评估是对于博物馆建设过程中最好的驱动力。博物馆应当满足观众群体对于自我知识的构建与文化认同的诉求。好的博物馆应该让观众有机会理解他们发生的变化，还应该帮助观众来询问或回答如下问题：对于我来说，博物馆能够为我带来哪些可能的变化？[1] 观众是艺术性教育的消费者，而博物馆则成为将藏品进行整理、归纳、再次加工，研究其内在文化资源，给予学术理论支持的专业机构。[2] 博物馆应当对观众负起责任，以提高观众满意度为己任，通过教育传播的方式，充分考虑观众诉求来提高满意度。观众满意度不仅限于对展品内容、形式，以及配套服务与活动，应当更多的关注博物馆设置的配套服务与展览匹配程度是否能够帮助观众更为直观的了解展品信息，达到观众参观目的。所以博物馆需要认清自我定位与服务对象，逐渐从主导者转变成为服务者，提供的服务、呈现的对象、服务的方式和行动的时间都应该由博物馆新近的主导者——公众来决定。[3]

五　观众是博物馆的主人

博物馆作为给公众传播知识、提供二次教育的非营利性的公共教育机构，其核心在于以人为本的为公众提供服务。博物馆空间是为公众提供人性化服务，与观众构建共情距离最为直接的场所，通过展示空间将文化信息向公众进行有效传播，公众通过展示空间回馈最为真实的参观反应。从某种意义上来说博物馆展示空间是体现博物馆核心理念、办展水平，最直接的考核标准，也同样是社会职能发挥最直观的空间枢纽。

博物馆的使用者始终是观众，观众的体验与诉求也终将在博物馆展览过程中呈现出来。观众既是博物馆的使用者，也是博物馆目标的见证者，观众的反馈与评估应当作为博物馆建设过程中至关重要的考量标准之一。虽然观众群体结构复杂多样化，但观众群体的反馈与评估对于博物馆，特别是新馆建设而言，都是强而有力的驱动力。博物馆作为历史的缩影，传播历史的媒介，在具有自身的优势的同时，也同样具有自身的劣势，应当在博物馆建设发展过程中，不断增强服务意识，提高服务水平，完善服务配套设施建设，加强对专业人员管理与培养力度，培养高素质服务型人才，不断探索适合自身发展，满足观众期望的传播路径，这些都是我们博物馆人值得深思的问题也是我们奋斗的目标。

[1] Carr,D., "A museum is an open word," Paper presented at the meeting of the American Society for Cybernetics, Philadelphia, PA, 1993,November:17.

[2] 阿诺德·豪泽尔（Amold Hauser）著，居延安译. 艺术社会学 [M]. 上海：学林出版社，1987:168.

[3] Weil, S, E., "The museum and the public," Museum Management and Curatorship,16(3), 1997:257.

这是一项以微知著的工作，事虽小但影响深远，这里仅对观众体验对博物馆新馆建设影响的问题进行初步的分析与探讨，旨在引起学界的高度重视，以利于共同开展研究。对这一问题的探讨不仅是对博物馆日常运营工作中出现的现象研究，更是在呼吁应当"以人为本"的办馆理念，充分发挥博物馆的社会职能，真正做到观众是博物馆的主人。

Reflections on the impact of visitor experience on the construction of new museum

——by using the third phase of expansion project of Hubei Provincial Museum as an example

Huang Chongyu　Hubei Provincial Museum

Abstract: In recent years, museums have been developing at a rapid pace, with new museums and venue renovations popping up across the country. The enhancements of pavilions and exhibitions have been generally embraced by society, and audiences are increasingly enthusiastic about visiting museums. However, after the opening of new museums, the ensuing problems in terms of audience demand and audience satisfaction have brought many problems to museum operations. Using the opening of the third phase of expansion project of Hubei Provincial Museum as an example, this paper considers the important role and impact of audience feedback and evaluation on the construction of new museums, from the perspective of the changing identity of audiences and museums.

Key words: Audience expectation; New museum construction; Museum responsibilities

博物馆的使命担当

——嘉定博物馆时代使命的思考与探索

嘉定博物馆　邵　辉

摘要：博物馆的根本宗旨和使命是收藏、保护、研究、展示人类活动和自然环境的见证物。随着文明的进步，科技的发展，知识的更新，提高国家软实力和国民文化素养成为提升我国综合国力的重要战略。在社会进步和文化需求的推动下，博物馆建设正如火如荼地开展，新时代不断赋予博物馆新的历史使命，其工作目标将结合社会要求不断发展和变化。嘉定博物馆建馆 60 年来，坚守功能定位，坚定时代使命，坚持守正创新，努力服务社会。

关键词：博物馆　时代使命　创新　服务

博物馆，是社会发展和文明进步的产物，它也是一个地区文化发达的重要标志。随着时代发展，博物馆的基本职能和使命也因社会需要不断地调整和完善，其工作目标的树立和活动开展方式，也进一步符合和满足社会公众的公共文化和教育需求，努力为社会主义现代化建设服务。

嘉定博物馆于 1959 年建馆，是上海地区较早建成的地志类博物馆。20 世纪 90 年代初，曾获得国家文物局颁发的"全国十佳优秀社会教育基地"；2007 年 5 月，嘉定博物馆的"科举陈列"获评第七届全国博物馆十大陈列展览精品奖；也是首批国家二级博物馆。60 年来，嘉定博物馆始终坚守功能定位，以时代使命为己任，为公众提供特色文化服务；用守正创新的态度，打造新时代的博物馆，提升城市文化软实力。

一 博物馆的定义和使命

博物馆的字义源于希腊语，原意为"供奉缪司（掌管学问与艺术的女神）及从事研究的处所"。[1]17世纪后欧洲开始出现了私人博物馆,公共博物馆也相继建立。我国古代并没有博物馆之说,按照西方的标准,山东曲阜孔庙被视作中国早期博物馆的雏形。20世纪以来,博物馆事业广泛发展,人们对博物馆的认识也日渐深化。它不再只是普通的文化机关,而转变为重要的社会文化教育机构。我国的博物馆的基本任务是收藏保护文物,开展科学研究,举办陈列展览,提高中华民族的思想道德和科学文化素质,为社会主义精神文明和现代化建设服务。[2]

国际博物馆协会自1946年成立后,为适应与概括世界博物馆的发展和演进,不断修改对"博物馆"的解释。2007年8月,修改后的《国际博物馆协会章程》对博物馆的定义是"一个为社会及其发展服务的、向公众开放的非营利性常设机构,为教育、研究、欣赏的目的,征集、保护、研究、传播并展出人类及人类环境的物质及非物质遗产。"这一更新后的博物馆定义是根据不断变幻的社会发展要求而总结形成的,它为博物馆从业人员提供了参考和借鉴,明确了新时代博物馆的工作目标和努力方向。

复旦大学文物与博物馆学系主任、教授、博士生导师陆建松认为,《国际博物馆协会章程》对博物馆的定义解释,可以说它是全球博物馆的共同使命,但每个博物馆的具体使命应该是不一样的。他认为"所谓博物馆的使命,是指一个博物馆机构存在的目的和理由,即一个博物馆到底要为社会的发展做什么"？[3]

2019年2月26日,在中国航海博物馆主办的"变革的社会 变革的博物馆"主题讲座中,国际博物馆协会副主席、中国博物馆协会副理事长兼秘书长安来顺指出:"从古希腊、罗马时期到21世纪的博物馆,博物馆在适应社会发展的漫长历程中,其职能、使命已然发生了重大变化,不再仅仅是回忆过去,而是关注现在、面向未来。"他认为"博物馆是连接过去与现在的载体,要通过观众与博物馆遗产资源的有效互动,让观众在遗产资源找到自身的意义"。[4]如今的博物馆,给人们提供了丰富多样的体验方式,专业领域研究方法也日趋多学科化,且承载的社会教育功能更加精细化,其表现出来的传播手段更趋于注重信息共享和互动性。

二 嘉定博物馆的时代使命

随着社会不断向前发展,博物馆在中国特色社会主义文化建设中占有越来越重要的地位,它担负着凝聚和激励人民,提高市民文化素养,为社会进步提供精神动力和智力支持的重要历史使命。市县级地方历史博物馆是我国博物馆主体。这些博

[1] 王宏钧.中国博物馆学基础（修订本）[M].上海古籍出版社,2001:37.

[2] 王宏钧.中国博物馆学基础（修订本）[M].上海古籍出版社,2001:46.

[3] 陆建松.博物馆运营应以使命为导向[J].中国博物馆,2020(2):51.

[4] "上观"新闻网,2019-03-02.

物馆的使命应该反映市县独特的地域历史文化和传统文化价值，反映这些市县特定的人地关系及人的生存智慧。[1]

嘉定博物馆建馆六十年来，作为综合性地志类博物馆，以收集本地区文物和标本为主要内容的收藏机构、宣传教育机构和科学研究机构，它经历了社会发展不同阶段，也肩负着不同时期的时代使命和社会责任。

（一）新中国建设初期建馆

1949 年 10 月，中华人民共和国的建立标志着中国的文化建设进入崭新的历史时期。以毛泽东《新民主主义》提出建设"中华民族的新文化"为指导思想，推动了新中国博物馆事业建设。1956 年，周恩来总理在题为《向科学进军》的报告中指出：为了实现向科学进军的计划，我们必须为发展科学研究准备一切必要的条件，必须加强图书馆、档案馆、博物馆工作。同年 5 月，文化部在北京召开第一次全国博物馆工作会议，提出了博物馆的三重基本性质和两项基本任务，即科学研究、文化教育、保管收藏的性质和为科学研究服务、为广大人民服务的基本任务。[2]

据史料记载及考古学发现考证，嘉定早在距今五六千年已经形成陆地。秦统一之前，先后属于吴、越、楚的领地；南宋嘉定十年初（1218 年 1 月）正式建县；明清时分别隶属苏州府和太仓州；1958 年，嘉定从江苏省划归上海。1959 年初，嘉定县博物馆成立了。时值新中国文化建设的背景下，决定建立一个以介绍地方历史为主的地志性博物馆，对全县人民开展爱国、爱家乡教育。起初馆址设在秦家花园内，在上海博物馆的支持下，当时筹建了一个简陋的嘉定历史与嘉定革命史陈列、农业成就展览。[3]

1959 年 7 月，中共上海市委批准修复嘉定孔庙。1961 年，嘉定县领导决定将博物馆迁入修复后的孔庙。为了满足博物馆"三性两务"的工作要求，由上海市博物馆组成了工作小组协助筹建基本陈列。经过讨论研究，以"古为今用"的原则，在孔庙大成殿、东西庑内建成了嘉定县古代历史、社会主义建设和自然知识三个基本陈列。前国家文物局局长王冶秋到嘉定看过后，认为"一个县能够办出这样的博物馆，是不容易的"。[4]

"文化大革命"期间，嘉定县博物馆改称县文化三馆文物组，先后举办过"一不怕苦、二不怕死"革命事迹展览会、农业学大寨展览会、今昔对比展览等。1978

---

[1] 陆建松 . 博物馆运营应以使命为导向 [J]. 中国博物馆，2020(2):54.

[2] 王宏钧 . 中国博物馆学基础（修订本）[M]. 上海古籍出版社，2001:38-39.

[3] 张定山 . 三十年，弹指一挥间——忆嘉定县博物馆的筹建 [A]. 嘉城文博创刊三十周年成果汇编（1985-2015），下册 :258.

[4] 杨嘉祐 . 嘉定县博物馆开创时期之回顾 [A]. 嘉城文博，第二十期（庆祝嘉定县博物馆建馆三十周年特刊），1989-10-01(1).

年 8 月，恢复了县博物馆的独立建制，开始对馆藏文物进行登记摄影，对全县名胜古迹、历史文物和嘉定名人等资料进行全面整理，编印宣传简介，举办出土文物陈列、书法绘画展览等。[1]

（二）新世纪把握时代机遇

20 世纪八十年代后期，伴随着改革开放的春风，上海各区县博物馆以新一轮陈列改建为抓手，积极寻求新的发展机遇，拓展开辟新的业务思路。原上海市文物管理委员会博纪处周丽中回忆，她曾参与过区县博物馆业务指导工作。1988 年春，在嘉定县博物馆新一轮陈列改建的调研讨论过程中，商议如何摆脱地域相近、藏品雷同的陈列内容和"大而全"的通史陈列模式，建立起独具本地区鲜明文化特色的基本陈列体系。[2] 会上，据陈列部人员反映，在孔庙大成殿内举办陈列中的清代试题和考生"夹带"等科举文物引起了观众浓厚兴趣。

根据方志记载和统计，嘉定共出过 192 名进士，其中 3 名状元，素有"教化嘉定"的美誉。与会人员从中受到了启发并通过商榷认为，嘉定历史上崇文重教，明清时期科名鼎盛，嘉定的科举文物也有丰厚积累，利用现有文物资源筹建科举制度的专题陈列，最具嘉定地方文化特色。1990 年元旦，一个独立的"科举文物陈列"在嘉定孔庙诞生了。

1. 错位竞争改建陈列

"科举文物陈列"正是上海中国科举博物馆的前身，展览以崭新的面貌与观众见面后，因其文物史料、文化特色引起了社会关注。进入 21 世纪，社会发展和经济繁荣促进了广大市民对精神文化生活的追求，博物馆建设也受到各级政府的高度重视。2005 年，时值科举制废除 100 周年之际，国内外掀起了一股反思和研究科举制度和科举文化的热潮。综观全国博物馆范围内，系统总结、展示科举制度的专题陈列尚是一片待开垦的处女地。在上海市文物管理委员会领导的关心支持下，嘉定博物馆抓住了这一良好契机，嘉定区政府斥资一千万元，对孔庙原有"科举文物陈列"进行全面改建。2006 年 2 月，上海中国科举博物馆建成开放，成为当时海内外唯一的科举专题博物馆。以"十年磨一剑"的精神打磨出的上海中国科举博物馆，可谓"天时、地利、人和"的结果。

2. 专业引领争创特色

嘉定博物馆审时度势，结合时代发展需求，重新定位争创特色，以陈列改建为契机，将打造全国科举文物的收藏、展示和研究中心作为工作目标。

[1] 嘉定文化志 [M]. 汉语大词典出版社，1998:72.

[2] 周丽中 . 坚持特色 续写新篇上海中国科举博物馆筹建始末 [A]. 嚘城文博（嘉定博物馆成立 50 周年特刊），2009-09-30(7).

上海中国科举博物馆通过对孔庙古建筑的合理利用和精心布局，配合翔实的文物史料和丰富多样的陈展手段，以"科举制度沿革""科举与社会文明""科举与儒学""科举考试程序""科举与教育"为主题，向观众展示绵延1300年的中国科举制度的历史及其文化内涵。开馆后，中央电视台、《人民日报》、《中国文物报》等10余家电视和新闻媒体及全国50余家网站刊发转载了活动盛况。前全国政协副主席钱伟长说："科举陈列的创意很好，为国内外的广大群众了解中国古代政治制度和传统文化开辟了新窗口。"前上海博物馆馆长陈燮君评价："上海中国科举博物馆在孔庙古建筑内的建成，为文物保护单位的利用和陈列手法的探索，提供了一个成功的范例。"2007年5月18日，"科举陈列"荣获国家文物局颁发的第七届"全国博物馆陈列展览精品奖"。

2006年10月，上海中国科举博物馆与厦门大学考试研究中心共同举办"科举文化与科举学"学术研讨会。2007年，上海中国科举博物馆成为中国文物学会内设的科学研究中心和上海历史学会下设的科举专业委员会。同年，由嘉定博物馆主办、国内科举学界首创的专业刊物《科举学论丛》正式出版，现在该刊物还成为中华炎黄文化研究会科举专业委员会的会刊。

（三）现代博物馆发展守正创新

随着中国的社会经济高速发展，文化事业也呈蒸蒸日上态势，博物馆事业发展对提高人民文化素质有着潜移默化和不可估量的推动作用。2008年，文化部和国家文物局等联合下发《关于全国博物馆、纪念馆免费开放的通知》，2015年国务院出台了《博物馆条例》。国家政策的相继出台和社会公众的持续关注，给博物馆建设提供了良好的发展氛围和崭新的时代机遇。全国各地博物馆也掀起了前所未有的发展高潮，据统计，截止到2020年，我国现有博物馆数量达到了5788个。

面对新的工作形势，嘉定博物馆加强调研，探索如何进一步提高观众关注度和提升社会影响力。2006年，"嘉定竹刻"入选国务院第一批非物质文化遗产，嘉定博物馆利用这一新的契机，于2007年12月建成嘉定竹刻博物馆。利用馆藏特色文物，吸纳民间嘉定竹刻精品，展示嘉定竹刻的历史渊源、文化地位与艺术价值，它也是国内较早建成开放和展示国家级非物质文化遗产的专题博物馆。

2008年12月"宁波国际博物馆高峰论坛"上，国际博物馆协会主席阿历桑德拉·康明斯作了《21世纪博物馆的核心价值与新责任》的报告，重申了全球化背景下博物馆的定义和使命，新的博物馆定义及其内涵超越了传统意义的内容。嘉定博物馆又开始思索新的时代使命和发展规划，一是要将未来新馆的角色定位与嘉定的整体发展相契合，二是要将新馆建设视作嘉定文化事业又一新的历史机遇。嘉定是传统吴文化土壤与现代海派文化土壤孕育培养的一支奇葩，在江南文化背景下，其特色自现，大同中有不同，正是嘉定的风格。[1]

2013 年 6 月 26 日，经过反复打磨和精心筹备的嘉定博物馆新馆落成开放。它坐落在嘉定区州桥老街 4A 景区内，毗邻上海五大名园之一的秋霞圃，建筑设计巧妙布局，视觉空间融合无间。"嘉定历史陈列"以时间为顺序，将事件、人物、文物等穿插其中，在设计风格上，配合嘉定特有的地域元素，营造古朴、雅致的环境氛围，增加人们对嘉定的认同感和自豪感。以翔实的史料和独具匠心的展览手法，多层次、多角度地展示了嘉定悠久的历史。"馆藏精品陈列"让观众漫步文物历史长廊，欣赏精美文物的同时，体会沧海遗珠的珍贵，感受文物捐赠者们的大爱无疆。

多年以来，嘉定博物馆殚精竭虑，累积实践，向社会公众展现了馆藏资源丰富、历史积淀深厚、展览内容纷呈、文化特色显著的现代博物馆新形象。

三 坚定时代使命致力服务社会

党的十八大以来，以习近平同志为核心的党中央对文物工作的重视程度前所未有，习近平总书记就文物工作做出百余次重要指示和批示。他强调说："保护好、传承好历史文化遗产是对历史负责、对人民负责。我们要加强考古工作和历史研究，让收藏在博物馆里的文物、陈列在广阔大地上的遗产、书写在古籍里的文字都活起来，丰富全社会历史文化滋养。"

国家文物局局长刘玉珠表示："对于一个国家来讲，让文物活起来可以增进文化认同，坚定文化自信，凝聚发展力量。对于一个城市来讲，让文物活起来可以找回老城记忆，体现城市精神，提升城市魅力。"[2]2016 年 12 月，十二届全国人大常委会表决通过了《中华人民共和国公共服务保障法》，要求作为公共文化机构的博物馆提供更优质的公共文化服务。随着社会进步和人民精神需求的提升，为社会公众提供优质的公共服务成为嘉定博物馆新的时代使命。

（一）开展文史研究，提倡保护文化遗产

国家博物馆馆长王春法说："让文物活起来，要守正创新、塑形铸魂。要求文物工作者做好研究工作、提升学术能力，深入挖掘文物本身的故事。"[3] 文物承载中华文明、传承历史文化，是维系民族精神和增强文化自信的坚实基础。对文博工作者来说，不论是散落在户外的不可移动文物，还是收藏在博物馆里的可移动文物，

---

[1] 徐征伟.嘉定需要一座怎样的历史博物馆——现实生活语境中的思考 [A].疁城文博 (39)，第三版，2009-02-28.

[2] 刘玉珠.让文物活起来大有可为（文明之声）[N].人民网—人民日报，2019-12-28.

[3] 王春法.让文物活起来 [N].新华网—人民日报，2020-12-30.

都要坚持文物保护方针，积极挖掘文物内涵，准确提炼文物蕴含的历史价值、人文精神和文化理念，充分发挥文化力量，进一步推动中华优秀传统文化的创新发展。

1. 保护文物加强管理

上海的考古发现、历史记载和现存文物证明，嘉定区具有逾 3000 年的文明史、800 年的建县史。自古以来，嘉定就是江南名邑，先人留下了丰富的文物文化遗产。嘉定区现有各级文物保护单位、文物保护点 187 处，涵盖古建筑、古墓葬、石刻、近现代重要史迹等多种形式。嘉定博物馆兼任嘉定区文物管理委员会办公室的职责，认真依照《宪法》《文物法》等法律法规，协调全区范围的文物保护单位、文物点的保护利用工作，与各街镇政府签订了《不可移动文物保护责任告知书》；制定了《嘉定区不可移动文物修缮三年行动计划》；编制了《嘉定区不可移动文物利用规划（2021—2030）》；制作并发布了《匠心之城·嘉定孔庙》宣传片。

2. 挖掘历史加强研究

嘉定博物馆加强对嘉定孔庙建筑群、嘉定地区碑刻及馆藏文物的历史、科学、艺术价值的深入挖掘和精心研究。继 2012 年由嘉定区档案馆、区博物馆合作出版《嘉定碑刻集》后，2018 年"文化和自然遗产日"之际，嘉定博物馆举办了《嘉定孔庙志》首发式。据了解，全国各地尚存有孔庙数百座，但未系统编辑出版过地方孔庙的志书。此次编纂出版的《嘉定孔庙志》由专业人员花费十余年时间完成，共计 40 余万字，填补了方志的一个空白。

（二）开发特色展览，提高市民文化力

国家博物馆馆长王春法说："让文物活起来，要让文物深深融入人们的生活。博物馆的展览展示、传播要顺应时代潮流，创新方式和方法，拓宽视野和渠道，以高质量文化供给增强人民群众的文化获得感，丰富人们的精神世界。"[1] 博物馆从业人员要保持守土尽责的责任感，坚持与时俱进的使命感，合理利用馆藏文物，研究策划陈列展览，加深公众历史记忆，努力提高市民文化力。

1. 基本陈列各具特色

目前，嘉定博物馆形成了下辖四处馆舍和 6 个常设基本陈列的博物馆群落形制。一是位于全国重点文物保护单位嘉定孔庙内的上海中国科举博物馆；二是位于州桥景区的嘉定竹刻博物馆；三是嘉定博物馆新馆的"疁城印记——嘉定历史陈列""练川集萃——嘉定博物馆馆藏文物陈列"；四是位于上海市文物保护单位法华塔院内、纪念中国民主建国会创始人、原全国人大副委员长"胡厥文同志生平事迹展览"和著名近代外交家"顾维钧陈列馆"。嘉定博物馆的基本陈列内容丰富、各具特点，涵盖了嘉定历史、地方名人、非遗文化和特色文物等。市民通过参观嘉定博物馆群

---

[1] 王春法. 让文物活起来 [N]. 新华网—人民日报,2020-12-30.

可以了解到本土历史全貌及其丰厚的文化内涵和地方艺术特色。

2. 巡回展览扩大影响

"中国科举文化展"是嘉定博物馆的展览品牌，自1996年来以"走出去"的方式在全国各地文博单位进行巡回展出。结合馆藏科举特色文物，介绍中国科举制度历史及科举文化内涵，至2020年已经赴全国的25个省、市、自治区以及港澳台地区进行展示。该展览还曾远赴加拿大、英国的高等学府，进行学术交流活动，并得到了当地专家学者以及国外观众的参观兴趣和媒体热议。近年来，科举巡展还结合科举文化专题讲座、科举游戏互动等形式配套进行，收到了良好的社会效果。

3. 临时展览创新求变

（1）2013年嘉定博物馆新馆建成后，硬件设施得以提升，具备引进优质展览条件，开馆之际引进的"圆明园国宝暨南北朝石刻佛像艺术展"，历时12天完美谢幕，共接待中外观众五万余人次。开馆特展的成功引进和圆满举办，为嘉定博物馆新馆乃至嘉定文化事业开了新篇。现在每年举办特展5至6个，展览内容丰富多彩，充分满足嘉定市民精神文化的渴求，使足不出户就可以欣赏到各类文博展览。引进的特展包括"微笑彩俑—汉景帝的地下王国""吉金华章——中国古代青铜文明""齐白石艺术大展""消逝的古国——良渚文明展""傩魂神韵——中国傩戏傩面具艺术展""我从远古走来——周口店北京人遗址文物特展""远古回声——半坡遗址和半坡文化展"等。

（2）嘉定博物馆挖掘馆藏文物及其背后故事，研究策划原创特展，不断提高市民的获得感、审美观和文化力。2018年，为纪念嘉定建县800周年，重磅推出了"风雅练川——嘉定明清书画展""莼鲈情愫——张氏家族藏品捐赠展"；2019年，为庆祝嘉定博物馆建馆60周年，与上海博物馆合作举办"嫏城遗踪——嘉定出土文物展"，为嘉定市民提供了一场文化盛宴；2020年，嘉定博物馆联合上海图书馆、北京观雪斋、上海翥云艺术博物馆、明止堂字砖馆，共同举办"一代儒宗——钱大昕纪念展"。钱大昕是清代乾嘉学派代表人物，其学术成就和治学精神对后世学者影响巨大，堪称"史学巨擘"。本次展览调研了海内外收藏机构的钱大昕墨迹、文献信息，共展出了110件文物及史料，绝大多数作品从未展出或出版过。展览开幕式当天，发布了李经国编著的《钱大昕年谱长编》；举行了"钱大昕学术研讨会"，以"钱大昕与江南文化"等主题进行了广泛研讨；围绕特展开设了"专家带你去看展"系列讲座，开发了主题文创宣传品等，为公众打开了深入了解中国传统文化的窗口。

（三）开拓特色活动，提升城市软实力

为贯彻习近平总书记关于文物工作的重要指示批示精神，加强"十四五"时期文物保护和科技创新工作，近日，国务院新闻办公室发布了《"十四五"文物保护和科技创新规划》。其中包括要求激发博物馆创新活力，提高博物馆公共服务均等化、便捷化、多样化水平。要求大力推进让文物活起来，提升博物馆服务能力，坚持创造性转化、创新性发展；强化公共文化服务功能，博物馆充分发挥公共教育、文化服务等作用，让陈列在广阔大地上的文化遗产活起来。

博物馆作为重要的公共文化机构，承担着展现阐释历史、弘扬优秀文化的社会职责和培育观众审美、提高民族自信的社会责任。嘉定博物馆始终坚持使命担当，充分利用文物资源，开拓实践文化特色，创意打造文化品牌，大力弘扬传统文化，致力为社会公众提供优质服务。

1. 盘活资源、活化孔庙

嘉定博物馆依托文物资源优势，积极尝试将古典与现代融合对接，把优秀传统文化融入现代生产生活。

（1）为纪念嘉定孔庙建成800周年，2018年4月嘉定孔庙举办了"明伦讲堂"系列活动。明伦堂是古代嘉定秀才读书聚会的场所，如今将传统文化与古代建筑相融合举办活动，既契合宣传主题，又符合观众需求。讲课内容选取与孔庙、儒学相关，邀请知名专家效仿古代学宫坐而论道的讲学方式，听众们在授课前后向老师行古礼表达敬意，整体效果与孔庙古朴的求学氛围融洽，活动形式也赋予了孔庙与传统文化新的生机和活力。

（2）2019年独辟蹊径地推出了"另眼看孔庙"系列活动，特别邀请了自然、科普、古建等方面专家，听孔庙故事，学习传统文化，培养文物保护意识；观孔庙鸟类，探究自然奥秘，培养热爱自然情感；看孔庙花木，观察绿树植被，培养爱护环境自觉性。从孔庙历史、古建筑、孔庙中的鸟类、花木等特殊的视角出发，引导市民们走进孔庙，深入了解那些鲜为人知的孔庙往事，从中感受嘉定孔庙的丰富内涵与别样趣事。

（3）2008年以来，在嘉定孔庙举办的"上海孔子文化节"活动，成为一年一度嘉定区传统特色节庆和文化盛会，为中外游客了解和体验中华传统文化打开了重要窗口。2020年9月"上海孔子文化节"以"儒行双城"为主题，上海和台北两座孔庙首度合作举办。受新冠疫情影响，在加强防疫的前提下，活动采用"线下＋线上"形式进行。疫情虽然阻隔了沪台之间的交流往来，但并不能阻断两岸人民血脉烙印。嘉定孔庙与台北孔庙在"云端对接"，为海峡两岸开展深入交流提供了崭新契机。据悉，新华社、《解放日报》《文汇报》、上海电视台、《海峡之声》等20多家媒体报道了开幕式盛况，快手、新浪乐居、上海嘉定等直播平台累计播放量突破233万次。"儒行双城——上海孔子文化节"还获评由上海市海峡两岸交流促进会主办的"2020年沪台交流十大新闻"。

2. 弘扬传统、开拓创新

嘉定博物馆注重呵护传承城市文脉，开拓创新培育文化创意，努力提升"教化嘉定"时代新形象。

（1）2018年5月，"'博物致知'首届长三角博物馆教育博览会"在上海举办。嘉定博物馆创新展示文化特色，精心策划了精彩纷呈的传统文化体验项目。包括"文人雅趣《升官图》游戏"，让观众体验旧时流行的科举中仕主题游戏，以寓教于乐的方式了解古代文官选拔过程；"嘉定竹刻体验"，通过观摩老师创作过程体验匠心精神，了解国家级非物质文化遗产的艺术特色；"汉服汉礼体验"活动，亲子家庭通过穿汉服、行汉礼，深刻感受传统文化的深厚涵义等。"金榜题名"线上闯关游戏首次推出就受到参会人员青睐。它参考明清时期科举考试程序中的"童试""乡试""会试"和"殿试"设置了答题关卡，答对后可晋级获得"秀才""举人""进士"等资格，观众通过线上游戏竞答体会古代读书人科考夺魁的艰辛历程。这款独家定制的科举小游戏在展会上吸引了无数玩家一起"闯关"。

（2）2019年恰逢嘉定孔庙建成800周年，嘉定博物馆利用嘉定孔庙门前小石狮子造型，自主设计开发了"学宫狮"动画形象和系列主题文创产品。在第二届长三角国际文化产业博览会上，以学宫狮、馆藏文物和科举文物三大系列的23个类别、46款文创产品，向观众介绍嘉定的悠久历史和文脉深厚的嘉定孔庙。尤其精心设计订制的"学宫狮"人偶，因憨态可掬、可爱逗趣，初次面世就吸引了广大市民的眼球，成为嘉定孔庙新形象。值得一提的是，2020年"嘉定孔庙学宫萌狮文房摆件"在嘉定区首届"我嘉文创"文化创意产品设计大赛上荣获一等奖和网络人气奖；"学宫狮"系列文创礼盒也先后入选上海市TOP20"建筑可阅读"文创产品；获得"老凤祥杯"上海旅游纪念品大赛商品组前20强。

（3）2020年11月，嘉定博物馆积极报名参加第三届长三角国际文化产业博览会，围绕嘉定孔庙、传统文化为宣传核心进行媒介展示，以"江南文化""中国科举文化""学宫狮IP形象"为展示主题，从展区设计、文创产品及互动体验等方面重点突显传统文化含义，以丰富多姿的表现手段和公众全覆盖的吸引力受到了与会市民的广泛好评。最终通过评奖，嘉定博物馆荣获了该届展会的"优秀展示奖"。

3. 打造品牌、提升实力

嘉定博物馆打造文化品牌，提高城市软实力，精心构筑栖居之地生活体验，使兼具仪式感与体验感的文化活动展现新时代嘉定的人文魅力。

（1）2020年6月，首个"上海夜生活节"启动。为助力节日文化氛围，推动夜间经济发展，突出展现嘉定城市魅力，积极打造"家门口"的文化盛宴，嘉定博物馆在法华塔院内开展了一场"博物馆奇妙夜"特色主题活动，引领穿越时空，享受盛夏夜游。"古风活动"版块，以传统文化、非遗文化和乡土文化为主题，开设了古法香囊制作、陶艺体验、草木扎染、苏绣手作等体验活动。当时正值考试季，应景推出的"金榜题名"线上闯关游戏和线下"平步青云路"升官游戏图互动游戏受到观众的喜爱。"文化集市"版块。汇聚了嘉定地区代表性文创企业的原创产品和嘉定特色老字号等，如国家级非遗黄草编织、蒸糕揾饼特色小吃等。嘉定博物馆将具有嘉定特色的传统文化与以夜市为主题的夜游、夜购活动相融合，为市民提供了沉浸式、多元化的文化体验，吸引了消费者，拉动了夜间经济，丰富了市民精神文化生活。

（2）嘉定博物馆策划推出的暑期系列活动受到学生的欢迎和家长的认可。"诗画生活"系列中的"篆书与碑刻"，了解孔庙碑刻学习篆书体验；"古籍装帧初体验"，穿针引线体验装帧乐趣；"苏绣手作"，上手落针体悟苏绣细腻手法；"书法进修"，感悟楷书端方之美。"疁城记忆"系列的"徐行草编"，感受千年黄草历史，体会淳朴乡间风韵；"安亭药斑布印染"，学习传承药斑布技艺，体验蓝白布艺风情；"拓印初体验"，练习传统拓印工艺，展示黑白元素之魅。

（3）为了增强市民尤其是青少年对本土文化和城市精神的自豪感和认同感，嘉定博物馆特别策划了"行走嘉定"文化夏令营活动。从衣、食、住、行、艺五个方面让青少年感受嘉定文化积淀，领略城市魅力。穿着汉服学习汉礼，感受传统服饰之美；品尝嘉定味道，了解美食文化特色；参观名人故居，直面历史追忆往昔；参观博物馆，感受宜居之地城市品质；与非遗传人面对面，领略传统独门技艺。通过引导未成年人亲手触摸、亲耳聆听、亲身体验传统文化和历史知识，进而获得感性认知和加强文明自觉。

（4）嘉定博物馆配合举办了2021年迎新春系列活动，"法华塔声光秀"先声夺人，成为活动最大亮点。2020年12月31日晚上8点，随着清脆的鼓点声响起，一束束多彩耀眼的灯光霎时照射在法华塔身上，一场炫酷的跨年灯光秀正式开启。围绕"创新活力充沛、融合发展充分、人文魅力充足"为主题，以嘉定孔庙学宫狮形象为主线，用"育才""兴贤""仰高"命名的三个篇章进行了声光秀综合演示。这场结合嘉定古建和传统文化为元素的原创声光秀表演，让市民体会了一场与众不同、别开生面的跨年感受。

（5）2021年春，在新冠肺炎疫情影响下，嘉定博物馆适时推出升级完善的"另眼看孔庙"云端游孔庙系列活动；开发了"寻访古迹""聆听典故""古树名花""石头上的历史"以及"深度探访"五条不同主题的智慧导览路线。市民们可以通过手机或互联网终端查看手绘地图，根据兴趣选择体验需求和学习内容，不出家门就可以随时"云游"嘉定孔庙。

四　结语

近年来，嘉定博物馆孜孜以求，创新探索，成绩斐然。2018年，被上海市委宣传部评为2016—2017年上海市爱国主义教育基地先进单位；"活化孔庙"系列活动获得优秀项目。2019年，获得上海市教委颁发的"上海市'三全育人'校外思政教育基地"称号。2020年，上海针对全市142家博物馆发布了2020年上海市社会影响力指数（MII），通过知名度、传播度、参与度、融合度、服务度与转化度六大指标进行综合排名，嘉定博物馆位列榜上第十一，其中在历史文化类博物馆中位居第三。

上海正加快构建空间新格局，以文旅赋能，推动"五大新城"建设和发展，嘉定新城将成为科技创新高地、智慧交通高地、融合发展高地、人文教化高地。未来的嘉定，将成为文化魅力竞相绽放的胜地和蝶变腾飞的新沃土，嘉定博物馆也将坚持与时俱进，坚定时代使命，以守正创新的姿态耕耘奉献，为嘉定新城建设贡献力量。

The Mission of the Museum

——Thinking and Exploration of the Era Mission of Jiading Museum

Shao Hui, Jiading Museum

Abstract： The fundamental purpose and mission of the museum is to collect, protect, research and display witnesses of human activities and the natural environment. With the progress of civilization, the development of science and technology, and the renewal of knowledge, improving the country's soft power and national cultural literacy has become an important strategy to enhance my country's comprehensive national strength. Driven by social progress and cultural needs, the construction of museums is in full swing. The new era continues to endow the museum with new historical missions, and its work goals will continue to develop and change in line with social requirements. Over the past 60 years since its establishment, Jiading Museum has adhered to its functional orientation, strengthened its era mission , insisted on upholding integrity and innovation, and strived to serve the society.

Key words： Museum; Era mission; Innovation; Service

疫情下的博物馆

——对于构建智慧博物馆的一点思考

首都博物馆　孙　珂

摘要：随着网络技术的普及和发展，传统实体博物馆向数字化、信息化转变已是大势所趋。尤其在疫情防控常态化的当下，文博工作者应当探索新的展览模式、互动模式和工作模式：进一步构建与观众互动的网络交流平台、完善博物馆平台建设；逐步加强博物馆数字化、信息化、智能化管理；推动新技术在博物馆中应用、尽快完成由传统博物馆向数字博物馆再到智慧博物馆的功能过渡。在疫情和科技创新的当下，博物馆也要不断调整自身的工作模式，紧跟时代的步伐，充分履行作为教育机构的社会职能，加速数字化技术与博物馆文化资源的深度融合，推动文博事业紧随时代潮流向前发展。

关键词：博物馆　数字博物馆　智慧博物馆　物联网

2020 年以来，突如其来的新冠疫情席卷全球，全球大部分博物馆被迫关闭，文博行业遭遇前所未有的挑战。2021 年 7 月，国际博物馆协会发布：《博物馆、博物馆专业人员与新冠肺炎：国际博协第三个报告》[1]，文中指出：根据他们于 2020 年 5 月发表的第一份调查报告显示，为保障工作人员和游客的安全，世界上有 94.7% 的博物馆都因新冠肺炎疫情闭馆，当年全球博物馆平均闭馆时间为 150 天。

无论是疫情爆发初期的全民封闭时期，还是当下疫情常态化后的时代，传统博物馆已经无法充分发挥其公众教育的使命，而推动线上展览和线上互动将成为今后博物馆发展的必然趋势。国际博协在其报告中指出，在疫情封锁期间，各地博物馆线上活动都开始变得频繁，根据调查分析结果显示全球博物馆各类线上活动数量增

---

[1] 博物馆、博物馆专业人员与新冠肺炎：国际博协第三个报告 .Survey: Museums, museum professionals and COVID-19 [EB/OL].(2021-07-05).https://icom.museum/en/covid-19/surveys-and-data/survey-museums-and-museum-professionals/.

加了 15%。然而，大多数博物馆仍然缺乏相应的技术与硬件支持，线上活动的类型也趋于单一。

这次疫情对于所有文博从业者来说，是前所未有的机遇与挑战。国家文物局副局长关强在 2021 年国际博物馆日的发言中表示："在世界范围内疫情常态化防控的背景下，博物馆如何应对多重挑战，及时调整完善自身功能定位与发展方向，积极探索新发展、新模式、新方案，是全球博物馆普遍要思考和面临的问题。"探索适合疫情时代的博物馆展览方向和工作方式，需要每个文博工作者思考与努力。

一 进一步构建与观众互动的网络交流平台

本世纪是网络技术的世纪，互联网和移动网络已经不再是新兴事物而是作为现阶段人们日常生活中不可或缺的必需品走入千家万户。网络购物、远程在线教育、远程医疗网络、线上文娱活动，诸如此类的新兴事物正在悄悄改变我们以往的生活方式。随着网络技术在百姓生活中所占的份量越来越重，传统实体博物馆向数字化、信息化转变已经是大势所趋。

与医疗资源、教育资源分布不均的情况类似，我国博物馆资源也有分布不均的特点。目前组织规模体量大、展陈水平质量高、藏品数量丰富的博物馆大多集中分布在二线以上的城市中，而网络技术与数字化、信息化博物馆正是解决这一问题的根本捷径。根据中国互联网络信息中心（CNNIC）已完成第 44 次《中国互联网络发展状况统计报告》中指出，截至 2019 年 6 月，中国网民规模达 8.54 亿，上半年共计新增网民 2598 万人。互联网普及率为 61.2%，其中农村网民规模达 2.25 亿，占整体网民的 26.3%。[1] 如此庞大的互联网用户群体，是文博工作者所不能忽视的。

互联网和移动网络的巨大影响力使全国各地的博物馆都开始重视网络宣传与线上交互，大小博物馆无一例外的都先后开通了微博、微信、移动终端 app 等网络平台，与观众进行线上交流互动，并普遍获得了良好的反响。不过总体上来说除了评论留言及展览反馈意见以外，并没有形成更深入更良性的观众互动。应在现有基础上，进一步提高观众对博物馆建设的参与度——例如以往的博物馆通常是自己选取主题然后呈现给观众，现在通过网络平台交流便捷的特点，博物馆可广泛发动群众，充分调动观众的积极性、主动性，群策群力，协同举办展览或其他文博活动。亦可将博物馆策展的备选主题罗列在交流平台上，供观众投票选择；或直接向观众征集展览主题，筛选合适的意见进行参考。从而真正做到服务观众，想观众所想，做观众爱看的展览，充分发挥博物馆的教育职能，让观众最大限度享受博物馆的文化服务。

[1] 来源自"中华人民共和国国家互联网信息办公室"官方网站：http://www.cac.gov.cn/2019-08/30/c_1124938750.htm.

互联网和移动网络的普及对于人类文明进程的影响是深远的，从文博资源的数字化开始，网络用户就可以快速便捷地通过互联网实现资源共享。国内诸多博物馆都在建设数字博物馆，使馆藏藏品和线下展览以网路技术为载体，用突破时空限制的形式进一步传播，让偏远地区的人民、残障人士、特殊时期居家隔离的群众都可以通过数字化平台便捷、平等地享受到这些珍贵的人类文化遗产。

二 逐步加强博物馆数字化、信息化建设

自 20 世纪 90 年代初期，我国计算机和互联网技术普及以来，国内博物馆一直不断深化数字化、信息化建设，至今已历时三十余载，目前已经取得了阶段性的成果。例如 2012 年根据《国家"十二五"时期文化改革发展规划纲要》由国务院推动的"第一次全国可移动文物普查"，让全国博物馆的藏品基本完成了全面调查登记，并进行了数字化信息录入，建立了全国可移动文物信息登录平台和数据库，从而实现全国文物信息资源的整合利用和动态管理。极大方便了本馆人员、馆际间及普通观众查找馆藏文物信息资料，让博物馆馆藏资源第一次彻底打破了时空限制，做到了真正的社会资源共享传播。

构建数字化博物馆，其核心就是要对博物馆的资源进行数字化、信息化的转化、开发、管理与利用。从目前来看，各大博物馆的数字化、信息化博物馆建设都在有条不紊地推进当中，博物馆都拥有自己的网站，并纷纷尝试制作线上展览、搭建网络交流平台，各类博物馆的终端应用程序也大量涌现。虽然目前还是起步探索阶段，难免面临各种问题，但是现阶段的已有成果可以看出文博工作者对数字博物馆这一领域的重视，以及对未来博物馆发展导向的正确认知。

构建数字博物馆所需要转化的对象保罗万象，藏品信息、展品信息、展陈方式、展览内容等发面进行数字化、信息化的转化只是最基础的第一步。博物馆业务中，这部分可以算是馆内基础资源和终端产品的数字化、信息化建设。而下一步我们更要重视的是，加强对于博物馆业务流程中的客体进行数字化、信息化的管理。例如博物馆在工作运行中产生的各类程序文件、博物馆从业者的人事档案信息，馆内业务办理流程平台、馆内业务交流平台等等，都需要进行系统全面的数字化、信息化建设。这部分工作的意义在全国上下一盘棋，共同抗击新冠疫情的当下，显得尤其重要。以首都博物馆即将面临的大运河博物馆（首都博物馆东馆）建设和首博东馆开馆后，将要面临一馆两址开展日常工作的问题为例，在这样的新形势下，传统的当面沟通和纸面化办公的方式已经显然不能适应当前的工作需求。在互联网及移动网络已经非常普及的今天，馆内各部门近几年已经逐步开始完成线上办公的转变，从之前的电子邮件、QQ、微信等软件的使用，到现在基本实现 OA 办公平台进行

馆内工作，线上办公已经越来越正规化、全面化。在今后的工作中，应该继续推进线上、远程办公这一形式，普及网络视频会议、完善网络通讯、推广网络培训、充分运用网络技术和云平台开展馆内日常工作。线上办公区别于传统纸面办公方式，不仅节约了实体资源和沟通成本，还具备过程公开透明，可查可验可控的优势。极大地改善了部门间沟通不畅的问题，并及时有效地提出问题并反馈问题。可以说网络平台办公是机动灵活、绿色科学的办公方式，是进一步构建数字化博物馆的必经之路。

数字化博物馆的建设是贯彻博物馆运行工作始终的，其涉及范围可谓包罗万象，"博物馆……涉及到面向业务管理、公众服务和行政管理等多方面的信息系统项目，如需要建立起藏品管理、展陈管理、导览讲解、票务管理、观众信息管理、观众聚集量监测、环境监测控制、宣传推广管理、文创管理、科研管理、资料文档管理、办公系统等多个信息管理系统，并实现各系统之间信息的互联互通。"[1] 随着数字和信息工程技术的日渐成熟，博物馆必将逐渐完善其各项环节数字化、信息化管理。未来的博物馆，将拥有完整的基础资源信息、完善的云办公平台，便捷高效的沟通渠道，即使足不出户在家办公，也可以继续策划推出线上展览，在特殊时期继续发挥博物馆的教育职能。

三 加强新技术在博物馆中的利用

总书记在谈世界遗产时曾给予重要指示："收藏在博物馆里的文物、陈列在广阔大地上的遗产、书写在古籍里的文字都活起来，让中华文明同世界各国人民创造的丰富多彩的文明一道，为人类提供正确的精神指引和强大的精神动力。"这段话为未来博物馆的展览策划指引了方向。

近些年来新技术层出不穷，国内博物馆也与时俱进，不断探索将各类新生事物运用到展览策划中，给博物馆的展陈形式带来了勃勃生机。多媒体、投影、二维码导览、互动感应装置，诸如此类的陈列手段，让展品从静态展示逐渐"活"了起来。对新技术的运用不仅丰富了展陈方式，还开拓了视野，提供了新的策展思路。

最近非常热门的 VR、AR 等技术，也在博物馆中慢慢扩散开来，成为新的展陈手段。VR 即全景技术，是基于全景图像的真实场景虚拟现实技术，通过计算机技术构建一个虚拟现实的全景空间。观众可以全方位互动式观看被还原的真实场景，有极强的身临其境的沉浸感，与环境容易形成完善的交互作用能力。VR 全景展示技术具有超强的真实感、沉浸式交互体验、表现形式丰富、互动性强等特点。[2] 由

[1] 张小朋 . 论智慧博物馆的建设条件和方法 [J]. 中国博物馆 ,2018(3):112.
[2] 孙晓艳 . 基于 VR 全景技术的博物馆陈列展览数字化的研究与探索 [J] 电子世界，2019(24):20.

于其不受时空限制，视觉效果好，体验真实的特点，很快就在世界范围内，得到了文博业内和观众的一致认可。国内外许多大型博物馆都推出了比较完备的 VR 线上观展模式，可以让观众通过互联网或移动终端身临其境地欣赏展览。此外博物馆在实体展厅内也尝试利用 VR 技术营造更为真实的体验效果，如首都博物馆在"王后母亲 女将——纪念殷墟妇好墓考古发掘四十周年特展"中已经尝试过利用 VR 技术，还原妇好墓内的实景，通过提供 VR 头显设备，让观众进行全沉浸式的体验。

新技术的进步，不光可以让展品"活"起来，甚至可以让观众穿越回过去的时空，深度体验古人的生活，让历史"活"起来。湖南省博物馆馆长李建毛在他的网络课程《区域博物馆基本陈列的策划与实践》中曾经提到过他的策展思路。李馆长重视展品之间的联系，希望"通过区域内出土、流传的文物（文化）反映的生活碎片，拼缀成当地人民生产、生活的历史画卷，构件一部区域物质生活史，反映区域社会变迁和发展进程，彰显出区域文化特征。"他强调展品之间应该在文化内涵和空间构成上有内在的逻辑表达，每个展品所在的位置都应具有意义，所谓"空间不是具体的图像和作品，而是图像和作品建构起来的结构性联系，进而体现物、图和环境之间的关系。"这是艺术史视野下对于宏观历史展示的思考，但是要在展厅中尝试建立区域的物质文化史，却往往面临场地限制、展品缺失、经费有限等各种问题，而 VR、AR 等技术却正好可以弥补这些不足。AR 即现实增强技术，可以通过各种移动终端的内置程序，复原文物、还原遗址、再现历史场景、甚至可以进行虚拟讲解、复活展览对象、创建博物馆 AR 游戏以及 AR 馆内导航，与观众深度互动，让观众更直观地获得历史信息。

目前 3D 打印、5G 网络，人工智能等更为先进精密的技术正在完善和推进当中，而这些技术必将在未来改变每一个人的生活。文博工作者应该时刻保持对当前科技领域发展的敏感性，将这些改变世界的新兴技术与博物馆展览工作相结合，保持博物馆展览水平的先进性和指引性，才能践行博物馆的教育职能，符合博物馆对于自身文化传播机构的定位。如单霁翔先生所言，"新时期的博物馆作为向公众开放的非营利性常设机构，在为教育、研究、欣赏的目的而征集、保护、研究、传播并展出人类及人类环境的物质及非物质文化遗产的同时，更加强调'以人为本'和为社会及其发展服务的方向……博物馆不能只满足于传统的功能定位，而是要将自身的建设与发展，融人社会发展的总体进程之中，定位于'参与社会变革的重要力量'。"[1]

四　完成从数字博物馆到智慧博物馆的过渡

如今数字博物馆的建设已经日臻成熟，但是未来博物馆的建设并不能止步于此，

[1] 单霁翔.关于博物馆的社会职能 [J].中国文化遗产，2011(1):18-20.

打造智慧博物馆才是文博事业建设的下一步目标。

所谓智慧博物馆，不等同于数字博物馆，但是以其为基础，融合物联网、云计算、大数据、移动通讯技术等新兴的科学技术所建立的新型博物馆。数字化、信息化仍然是构建智慧博物馆的核心，而广泛利用新技术，则使博物馆系统形成一个具备感知、思考、判断、决策、执行的功能，并可以自检、自查、自省、自我完善的智能系统。博物馆的核心问题是"人"与"物"的关系问题，而智慧博物馆就是要利用"数字"这一媒介将人与物这二者统合成一个有机整体，实现"人⇌数字⇌物"相互融会贯通的新的博物馆管理运行模式。2016 年，国家文物局、国家发展和改革委员会、科学技术部、工业和信息化部、财政部五部门联合印发了《"互联网＋中华文明"三年行动计划》， 2018 年，中共中央办公厅、国务院办公厅印发的《关于加强文物保护利用改革的若干意见》都在大力支持打造智慧博物馆，并将其作为博物馆改革发展的重要任务。

传统实体博物馆是让观众到展厅中观看展品，参观展览，是"物→人"的传播模式。数字博物馆将展品数字化后通过网络技术让观众浏览，虽可以打破时空限制，为观众提供便捷高效的服务，但究其模式仍然是"物→数字→人"单向的信息传递模式。随着以各类传感器为基础的物联网应用的兴起，博物观众"人"与"物"可以通过各类传感设备进行信息交互和远程控制，同时再结合云计算和大数据分析技术，构建"人⇌数字⇌物"三者之间的双向信息交互通道。[1]

以首都博物馆为例来说，首博在展览中已经开始尝试使用定制的 PAD 作为展厅的导览，在其内嵌 RFID（无线射频识别）[2] 模块、语音模块、加密模块，其中 RFID 模块及其天线除可以推送藏品信息外，还能收集观众对展品的访问数据，通过数据分析用户对展品的喜好，为以后的展览策划提供参考资料。此外终端配备语音模块配备耳机，用户可观看实物、欣赏多媒体展示、聆听语音介绍。语音模块还可结合 RFID 模块感应的位置信息，为用户提供馆内导航。[3] 通过传感设备进行数据交互分析的模式，链接观众与展品、展览与博物馆，形成双向交互通道，这就是智慧博物馆构建"人"与"物"良性互动的手段。智慧博物馆就是要"建立更加全面、深入和泛在的互联互通，消除信息孤岛，使人与人、人与物、物与物之间形成系统化的协同工作方式，从而形成更为深入的智能化博物馆运作体系。智慧博物馆淡化了实体博物馆相互之间以及实体博物馆与数字博物馆之间的界限，形成了以博

[1] 陈刚 . 智慧博物馆——数字博物馆发展新趋势 [J]. 中国博物馆，2013(4):4.

[2] RFID 即无线射频识别技术：通过此模块可得到观众对博物馆展览的认可度、对展览的喜好、对博物馆环境的感知度、对服务的满意度等等数据，然后对观众的参观行为进行数据分析和知识挖掘，为博物馆的展览、发展和管理决策提供数据支撑，就是一个极好的应用。实现公众与博物馆藏品的高度交互。——邵小龙 . 以互联网思维推进智慧博物馆建设 [J]. 中国博物馆 ,2015(3):81.

[3] 刘绍南 . 智慧博物馆支撑技术应用探讨 [J]. 首都博物馆论丛，2017:368.

物馆业务需求为核心，以不断创新的技术手段为支撑，线上线下相结合的新型博物馆发展模式。"[1]

物联网、云计算、大数据分析等技术都是链接"人"与"物"的科技手段，其指向归根结底都是指向"人"这一最终服务对象，通过各种智能手段对人的需求进行分析，从而构建博物馆中"人⇆数字⇆物"的交互关系，形成人与物的良性互动，这就是智慧博物馆的建设目标。智慧博物馆的系统可以根据"人"的需求获得数据信息，改进博物馆中"人"的体验（包括观展体验和工作体验），随时根据反馈信息进行系统自身的调整，实现"以人为本"的博物馆服务理念。

结语

博物馆人的入门教材中写着这样一段话："博物馆的教育与服务包括许多方面，主要是为广大观众提高思想品德和文化素养服务，为在校学生的校外教育服务，为成人终生教育服务，为科学研究服务，和为旅游观光和文化休闲服务。"[2]博物馆对于当今社会来说，不仅是承载着海量历史信息的知识宝库，也是连接人类社会过去与未来的重要桥梁。当下对文博工作者来说是一个最好的时代，人们已经逐渐意识到博物馆在开启民智和提高公众审美素质等方面所扮演的重要角色，博物馆作为一个服务于公众的教育机构已经被普罗大众所接受并越来越重视；这也是一个最具挑战的时代，在科技日新月异，不断改变人们生活的同时，博物馆也要不断调整自身的工作模式，才能紧跟时代的步伐，充分履行作为教育机构的社会职能。不破不立，多难兴邦，新冠疫情的爆发让文博工作者面临前所未有的困境，但是也成为契机，促使我们反思传统工作模式弊端。这次疫情推动了博物馆社会服务方式的升级，加速了数字化技术与博物馆文化资源的深度融合。随着各博物馆数字化建设步伐的提速，在今后的文博工作中，我们必将围绕"以人文本"的主题，进一步加强数字化、信息化、智能化的博物馆工作建设，推动文博事业紧随时代潮流向前发展。

参考文献

[1] 王宏钧. 中国博物馆学基础 [M] 上海古籍出版社，2001.

[2] 宋新潮. 智慧博物馆的体系建设 [N]. 中国文物报，2014-10(5).

[3] 单霁翔. 关于博物馆的社会职能 [J]. 中国文化遗产，2011(1).

[4] 陈刚. 智慧博物馆——数字博物馆发展新趋势 [J]. 中国博物馆，2013(4).

---

[1] 宋新潮. 智慧博物馆的体系建设 [N]. 中国文物报,2014-10(5).

[2] 王宏钧. 中国博物馆学基础 [M]. 上海古籍出版社，2001:335.

[5] 张小朋 . 论智慧博物馆的建设条件和方法 [J] 中国博物馆，2018(3).

[6] 刘绍南 . 智慧博物馆支撑技术应用探讨 [J]. 首都博物馆论丛，2017.

[7] 孙晓艳 . 基于 VR 全景技术的博物馆陈列展览数字化的研究与探索 [J]，电子世界，2019(24).

[8] 刘健 . 智慧博物馆路向何方？——以上海博物馆的数字化建设实践为例 [J]. 上海艺术评论，2016(6).

[9] 周蕾 . 浅论"智慧"时代博物馆管理手段的更新 [J]. 文物鉴定与鉴赏，2018(23).

Museums Under the Epidemic Situation

—— Thoughts on Construction of the Wisdom Museums

Sun Ke, Capital Museum

Abstract: With the popularization and development of network technology, the transformation of traditional physical museums to digitalization and informatization is the general trend. Especially when the epidemic prevention and control is normalized, cultural and blog workers should explore new exhibition modes, interactive modes and working modes: further build an online communication platform for interacting with audiences, improve the construction of museum platforms; gradually strengthen the digitalization, informatization and intelligence of museums management; promote the application of new technologies in museums, and complete the functional transition from traditional museums to digital museums to smart museums as soon as possible. In the face of the epidemic and technological innovation, museums must constantly adjust their working modes, keep up with the pace of the times, fully perform their social functions as educational institutions, accelerate the in-depth integration of digital technology and museum cultural resources, and promote the cultural and museum industry to keep up with the times trends move forward.

Key words: Museum; Digital museum; Wisdom museum; Internet of things

博物馆电气系统安全稳定运行之探索

山西博物院　　伍林芳

内容提要： 博物馆建设是一个庞大的系统工程，融合了建筑、安装、展陈等多专业技术，与其他类型建筑之间存在诸多不同，要求比较苛刻，有比较特殊的功能需求，特别是对文物保护的基本需求。在文物安全方面电气部分扮演着重要角色，这对电气专业提出了更高要求，尤其是电气系统中的细节问题对文物安全更是起到关键性作用。本文在分析山西博物院现有电气系统状况的基础上，就博物馆电气的应用及其改进做初步探索，旨在梳理博物馆在建设时期不易发现的电气安全隐患及重点事项，并进行分析、归纳、总结，以期为今后博物馆新馆建设及老场馆的提升提供借鉴。

关键词： 双重电源　断路器　配电箱　恒温恒湿　照明

随着我国博物馆事业的蓬勃发展，现正处于新建扩建改建的重要阶段。2019年度国家文物局有关文物消防安全的工作通报指出，文物、博物馆单位火灾原因和隐患以电气故障居首位[1]。电气安全不仅关乎文物安全，亦关乎人民生命安全，而且文物不同于一般物资，一旦发生火灾，即使及时扑灭，水、泡沫等也会给文物带来不可逆的较大伤害，伴随着巨大的生命财产损失，还会带来巨大的社会负面影响。加之现代化博物馆功能的超前性和特殊性，其对建筑电气也不断提出新的要求，但由于一些设计人员对综合性的现代化博物馆实际运行状况了解的不够深入，在供配电、照明等方面仍有亟待改进的空间。《博物馆建筑设计规范 JGJ 66—2015》对建筑电气规定了 18 条，建设时必须遵守这些条文及《供配电系统设计规范 GB 50052—2009》《低压配电设计规范 GB50054—2011》《博物馆照明设计规范 GB/T23863—2009》《展览建筑设计规范 JGJ 218—2010》《民用建筑电气设计

---

[1] 王岐丰 . 国家文物局通报 2019 年度文物消防安全工作和节前突查暗访情况 .[DB/OL],http://www.gov.cn/xinwen/2020-01/18/content_5470413.htm,2020-01-18.

标准 GB 51348—2019》《建筑物防雷设计规范 GB50057—2010》《用电安全导则 GB/T13869—2017》《建筑电气工程施工质量验收规范 GB50303—2015》《建筑物防雷工程施工与质量验收规范 GB50601—2010》等相关的电气设计施工规范，但规范条文的制定大多是原则性、概括性、多样性的，尚无具体的、针对性要求，这就要求在具体项目中要结合实际情况在设计、施工、运行管理的诸多细节方面区别对待、灵活运用，具体情况具体分析，才能把规范条文执行和落实到位，发挥其应有的作用。

一　双重电源供电

山西博物院属于大型博物馆，按一级负荷要求供电，其中重要设备及部位用电按一级负荷中特别重要负荷要求供电。因此，10kv 高压总进线采用双重电源供电，消防、安防、电子信息系统、珍贵文物库房、展厅、电梯、设备机房及通道照明等一级负荷采用 0.4kv 双重电源供电，而消防、安防为一级负荷中特别重要负荷，除采用双重电源供电外还增设了第三电源 UPS，消防应急照明则为 EPS 电源。

（一）高压总进线部分

两路 10kv 进线，最佳的设计运行方式是单母线分段供电，两路电源互为备用，同时供电，两个进线开关和联络开关设置机械与电气联锁，任何时候只能合其中两个开关。我单位经供电部门批准的供电容量为主供容量 2000KVA*2，备供容量 2000KVA*2，主备供双电源在高压侧进线总柜处加装机械联锁装置，保证两电源不同时投入。因此我单位两路 10kv 进线的设计运行方式是单母线并列运行即全用全备方式，主供电源供电，备用电源处于热备状态。供电部门为保证电力网安全运行，确保设备和人身安全，一般不允许用户的双回路电源并网运行，对于全用全备双电源线路通常采用机械互锁方式供电，其弊端为一路电源停电或故障后，另一路电源投入运行需人工现场进行倒闸操作。按供电运行操作规程进行规范操作，则需时间 15 分钟，会造成全单位停电，影响面太大。

改进方法：为提高供电的安全性和可靠性，充分利用现有电力网的先进性，我们对机械互锁方式供电进行相应的改造，即取消两路电源的机械联锁，加装备用电源自投装置，实现两路进线自动备投，工作电源线路停电时可跳开工作电源自动投入备用电源，投入时间可调（1 秒至 60 秒），投入时间延长可避开市电高压电网的闪络现象；同时在改造时应注意各生产厂家备自投产品原理不尽相同，前期选型应结合本身高压系统的供电特性，选用更合适的备自投产品，避免复杂的接线或新增其他设备才能满足改造需求。

（二）0.4kv 双重电源供电部分

我单位供电采用 TN-S 系统。《民用建筑电气设计标准 GB 51348-2019》中 7.5.3 条，三相四线制系统中四极开关的选用，应符合下列规定：第 1 款，电源转换的功能性开关应作用于所有带电导体，且不得使所连接电源并联；第 2 款，TN-C-S 、TN-S 系统中的电源转换开关，应采用切断相导体和中性导体的四极开关。7.5.4 条，自动转换开关电器 (ATSE) 的选用应符合下列规定：第 2 款，当采用 PC 级自动转换开关电器时，应能耐受回路的预期短路电流，且 ATSE 的额定电流不应小于回路计算电流的 125%；

我单位部分 0.4kv 双电源转换开关统计表如表 1 所示，从表格中可以看出，双电源转换开关采用三级 W2-Ⅱ2 型和四级 XLS9 型两种形式的开关，上级断路器也是有三级 CM1L-**/33** 和四级 CM1L-**/43** 型两种形式。双电源转换开关的级数与上级断路器级数不匹配，如楼控中心电源：选用四级双电源转换开关但上级断路器却是三级；文研楼应急照明电源：选用三级双电源转换开关但上级断路器却是四级。另外还发现个别回路电缆的实际载流量与断路器的整定值也不匹配，如 NH-YJV-5*16 电缆所配断路器的整定值有 80A、50A、40A；断路器的整定值与双电源转换开关的额定电流也不匹配，如断路器的整定值 100A、50A，双电源转换开关的额定电流 20A 等问题不符合规范要求。

改进方法：把末端三级双电源转换开关全部改为四级开关，共改造 34 台，同时为了后期的维护管理，在满足其额定电流大于回路计算电流的 125% 基础上能统

图 1　双电源转换箱（改造前、改造后）

表 1　双电源转换开关统计表

序号	负荷名称	安装位置	转角放映室	转换开关型号	箱号	电源回路		上级断路器规格型号	断路器整定值	电源电缆
14	正常照明	报告厅		XLS9-20A	IAL-A6	P13-1	P18-1	CM1L-100H/4320	100	ZR-YJV-4*50+1*25
15	电梯	主馆电梯	南	XLS9-80	JAT-A3	P4-3	P25-3	CM1L-100IU3328	100	NH-YJV-3*70+2*35
16			北	XLS9-80	JAT-A4	P4-4	P25-4	CM1L-100IU3328	100	NH-YJV-3*70+2*35
17		临展厅电梯		XLS9-63A	AT-B1	P28-3	P28-4	CM1L-100X/3320	50	ZR-YJV-3*35+2*16
18		文研楼电梯		XLS9-63A	2AT-B1	P28-1	P28-2	CM1L-100H/3320	50	ZR-YJV-3*35+2*16
19	双电源负荷	消防中心电源		XLS9-40A	1AT-A1	P12-3	P17-3	CM1L-100H/4328	50	NH-YJV-5*16
20		楼控中心电源		XLS9-40A	B1AT-A11	P28-9	P29-1	CM1L-100H/3320	50	ZR-YJV-5*16
21		安防中心电源		XLS9-100	无	P12-4	P17-4	CM1L-100H/4328	100	NH-YJV-4*35+1*16
22		文研楼（网络）		XLS9-125（100）	无	P12-5	P17-5	CM1L-100H/4320		NH-YJV-5*16
23		文研楼（网络）2017.12		WATSGB 200/4	无	P19-2		CM1L-225H/4320	180	ZR-YJV-4*95+1*50
24		办公楼（网络）		XLS9-40A	B2AT-B3	P17-5	P28-8	CM1L-100H/4320	80	NH-YJV-5*16
26		水泵房生活泵		XLS9-160		P28-7		CM1L-225H/3320	160	ZR-YJV-3*95+2*50
42	应急电源	库房应急（过厅二道门）		W2-II 20A	B1ALE-A14	P11-3	P16-3	CM1L-100H/4320	50	NH-YJV-5*16
45		文研楼应急照明		W2-11 20A	B2ALE-B1	P11-6	P16-6	CM1L-100H/4320	40	NH-YJV-5*16
46				XLS9-20A	IALE-B1					
49		人防应急照明		W2-11 20A	B3ALE-B2	P11-8	P16-8	CM1L-100H/4320	40	NH-YJV-5*16
50		人防南应急照明		W2-11 20A	B1ALE-B1	P11-9	P16-9	CM1L-100H/4320	40	NH-YJV-5*16
51		武警应急照明		W2-11 20A	B1ALE-B1					
75		文研楼地下层排烟	库前区	W2-11 20A	B2AT-B1	P3-2	P24-2	CM1L-100X/3328	63	NH-YJV-3*25+2*16
85	消防	人防排烟	中	W2-11 20A	B3AT-B2	P3-5	P24-5	CM1L-100H/3328	40	NH-YJV-5*16
86			南	W2-11 20A	B3AT-B1					
87		主馆顶层排烟	南	XLS9-160	JAT-A1	P3-6	P24-6	CM1L-100H/3328	315	NH-YJV-3*185+2*95
88			北	XLS9-160	JAT-A1					

一选用同一规格的均统一；对断路器的整定值大于电缆载流量的进行调整，使之与实际敷设电缆的载流量（按敷设环境因素修正）及实际负荷大小相匹配。按规范要求有双电源切换要求的系统必须选用四极断路器，以满足整个系统的维护、测试和检修时的隔离需要。目前仍需解决的问题是要以改造成本比较高的整体更换配电柜形式把配电室出线断路器由三级改为四级。

末端双电源转换开关选用了四级开关，但同时需注意其控制开关及运行指示灯等二次控制回路的零线也需分开，以避免零线共用，当配电室各出线回路上装有电气火灾监控装置或出线断路器装有漏电报警装置时漏电报警；另外末端双电源转换箱体尺寸不能过小，否则后期运行无法检修，如图2所示。

二　低压配电室漏电保护断路器 (RCBO)

按电气设备的供电方式，选用相应的 RCD：三相三线式 380V 电源供电的电气设备，应选用三极三线式 RCD；三相四线式 220V 电源供电的电气设备，三相设备与单相设备共用的电路应选用三极四线或四极四线式 RCD[1]。RCD 额定动作电流的选择要充分考虑电气线路和设备的对地泄漏电流值，必要时可通过实际测量取得被保护线路或设备的对地泄漏电流[2]；必要时应选用动作电流可调和延时动作型的 RCD。选用的 RCD 的额定剩余不动作电流，应不小于被保护电气线路和设备的正常运行时泄漏电流最大值的 2 倍[3]。

电气火灾多半是电弧短路引发，电弧短路电流小，一般的断路器不能或不能及时切断电源，而具有漏电保护功能的断路器对电弧短路电流有很高的动作灵敏度，能及时切断电源，防止电气火灾的发生。由于博物馆安全的极端重要性，设计人员从安全的目的出发，防止电气设备与线路因绝缘损坏引起的电气火灾，对单位总配电室的各出线回路断路器均设有漏电跳闸功能，当漏电电流超过预定值时，自动切断电源。

我单位低压总配电室各出线回路漏电电流统计表如表2所示。从表格中可以看出存在的问题：1. 消防回路是不允许装设漏电跳闸功能的断路器；2. 动力负荷采用三级漏电断路器供电，但控制回路设计选用 220v 电源，设备一启动漏电断路器就跳闸；3. 采用四级漏电断路器供电的应急照明等双回路供电负荷，末端双电源转换开关却选用三级开关（如图1），零线共用，无法正常供电；末端双电源转换开关改为四级后，恢复正常；4. 所有断路器的额定漏电动作电流均为 500mA；5. 配电

[1] GB13955-2017. 剩余电流动作保护装置安装和运行，5.4 条.
[2] GB13955-2017. 剩余电流动作保护装置安装和运行，5.4 条.
[3] GB13955-2017. 剩余电流动作保护装置安装和运行，5.7 条.

表2　总配电室各出线回路漏电电流统计表

配电柜	配电柜号	回路编号	回路名称	双回路	回路编号	开关型号	电缆型号	整定电流(A)	额定漏电电流(mA)	火灾报警器阈值(mA)	改造前火灾报警器漏电电流(mA)	改造后实测漏电电流(mA)
馈电柜P3（消防）	P3-1	N1	水泵消防泵B1	P24-1	N88	CM1L-400M/3328	NH-YJV-3*185+2*95	315	500	1000	1156	2330
馈电柜P5（动力）	P5-1	N14	1#冷冻机			CM1L-630 M/3320	ZR-YJV-2 (3*185+2*95)	630	500	1000	1161	915
	P5-2	N15	2#冷冻机			CM1L-630 M/3321	ZR-YJV-2 (3:*185+2*95)	630	500	1000	964	929
馈电柜P17（应急／正常照明）	P11-6	N30	文研楼应急照明	P16-6	N59	CM1L-100/4320	NH-YJV-5*16	40	500	1000	1072	4
	P11-8	N32	人防应急照明	P16-8	N61	CM1L-100/4320	NH-YJV-5*16	40	500	1000	1109	4
	P11-9	N33	武警营房应急照明	P16-9	N62	CM1L-100/4320	NH-YJV-5*16	40	500	1000	1162	4
馈电柜P17（应急／正常照明）	P17-8	N70	文研楼正常照明			CM1L-225/4320	ZR-YJV-4*120+1*70	200	500	1000	936	967
馈电柜P18（正常照明）	P18-3	N74	办公楼正常照明			CM1L-225/4320	ZR-YJV-4*120+1*70	200	500	1000	417	291
	P18-7	N78	主馆核心筒（北）正常照明	P13-8	N50	CM1L-100/4320	ZR-YJV-5*16	63	500		423	2
馈电柜P26	P26-1	N101	南空调机房k1			CM1L-630 M/3320	500A 密集型母线	630	500	1000	1162	1151
	P26-2	N102	北空调机房k6			CM1L-630 M/3320	630A 密集型母线	630	500	1000	1162	1149
馈电柜P29	P29-5	N118	主馆热风幕机			CM1L-225H/3320	ZR-YJV-3*95+2*50	180	500	1000	1162	3580

室出线回路采用树干式供电的主馆核心筒正常照明，因某一末端漏电造成断路器跳闸断电，停电范围太大影响展馆的正常运行。配电室建设完成投入运行时大部分断路器的漏电跳闸功能就拆除，否则各出线回路无法正常供电，这种设计既达不到最初的安全保障，也浪费了大量资金。

TN-S 系统装设总保护漏电断路器需具体情况具体分析。消防回路选用漏电报警功能断路器，有漏电现象时只报警不跳闸断电，可及时发现问题、消除隐患；动力负荷采用三级漏电开关，配套的设备控制回路设计需选用 380v 电源；采用四级漏电开关供电的双回路负荷，末端双电源转换开关选用四级开关；根据实测的线路和设备的正常泄漏电流值选择断路器的额定漏电动作电流。

经市场产品调研及多方案比较后我们的改进方案：拆除配电室所有断路器的漏电保护功能（总保护），在二级、三级配电箱内的末端断路器加装漏电保护功能，并在配电柜的电缆室内的每一出线回路上加装剩余电流式电气火灾监控探测器，值班室安装一台电气火灾监控设备，连续监测线路和用电设备的绝缘、老化状态及能耗监测，实现电气火灾隐患的提前预警，有漏电现象时主机报警，并可通过手机 APP 实时推送，及时提醒。通过对监测数据的定期汇总、分析研判线路绝缘老化情况。

在使用初期，配电室的各回路无运行指示信号灯，有断电跳闸等问题时不能及早准确判断，我们便在各回路的抽屉内加装熔断器、端子、控制线及运行指示信号灯等，这种细节考虑到位后，会给运行管理带来很大的便利。

三　展厅配电箱配置

展厅配电箱一般是博物馆整个供电系统的二级或三级配电设备，承担着末端用电负荷的供电任务，在设计、施工过程中不仅要遵循规范要求，紧密结合展览实际，还需预留一定的容量，并提前考虑运行中维护维修的安全性、便利性，杜绝因设计施工考虑不周而留存安全隐患。

（一）展厅照明配电箱设计单位的合理选择

我单位展厅照明配电箱（配电系统的第三级）在基建时期就由设计院设计，施工单位安装完成，未与陈列展览进行过深度沟通（或基建设计在先，展陈设计还未开始），因此每个展厅平均按每 150 平米设计一台照明配电箱，分散安装在展厅内外墙附近，每个照明配电箱一般按 10kw 容量，9 个分支回路设计，只考虑照明却未同步考虑动力用电，如图 2 所示。

展陈电气设计每个展厅都是不一样的，基建配套的照明配电箱不适合展陈使用，但已安装完成，不用则造成浪费，一般又无法直接使用，需对照明、插座分支回路

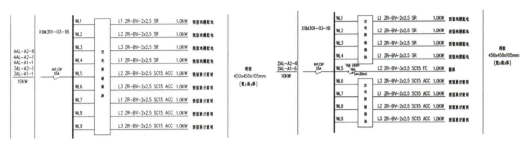

图 2　展厅照明配电箱系统图

数量等进行调整改造。展陈施工完成后，分散安装在展厅内外墙附近的照明配电箱一般都会在展柜后面的通道内，与展柜文物搬运等出入同一个通道门。从博物馆安全防范的要求出发，通道门的安全由保卫部门管理。若检修照明配电箱或照明回路故障跳闸，需办理各种相关手续、各相关人员到场才能进入通道处理故障，一定程度上造成人力、物力和时间上的浪费。

　　因此建议新建博物馆时，基建设计只需考虑到每层电气设备间内安装总照明配电箱及动力箱，按展厅面积预留出足够的容量及回路数，为展厅用电提供电源接口即可。具体展厅内照明配电箱的设计选用由展陈设计公司完成。

（二）展厅照明配电箱设计注意事项

　　陈列展览工程中的电气工程因相对比较简单而往往引不起高度重视，一般是由一些不太专业且缺乏博物馆展陈实践经验的电气技术人员进行配电设计和施工，以期尽量降低投资，这势必会形成这样或那样的问题或隐患。

　　基本陈列提升改造时，在 28×28 平方米的展厅内设计一台照明配电箱，按照《全国民用建筑工程设计措施—电气》（2009 版），照明配电箱分支线供电半径宜为 30—50 米，这从规范上讲是没有什么问题的；但在博物馆的实际运行过程中，展厅仅设置一台配电箱，负荷必然过于集中，照明灯具等故障跳闸时，所涉停电范围大，故障查找时间长，对于观众流量比较大的公共场所很不合适。建议采取按展陈单元分区域、按负荷类型分散设置配电箱，同时避免了实际工程中末端线路过长，当出现故障时，如未能在较短时间内切除故障，则容易发生火灾。

　　对于基本陈列照明配电箱中的分支回路数量也应留有足够的备用回路，不仅要满足当下使用要求，还要适当考虑今后展厅展品调整、其他宣教活动等发展的余量；同时注意照明与插座配电回路分开，墙插、地插回路分开，设单独的墙插回路为设备检修使用等。

　　照明配电箱尺寸不要过小。要考虑维护检修的便捷性及扩容需求，配电箱尽可能安装在独立空间中，设置单独的检修门及通道，降低与展品展柜之间的联系，确保电气维护人员接到任务后能第一时间快速进入检修现场，提高工作效率及时消除隐患。尽量避免电气维护检修时，其他部门不必要的配合和陪同，减少人力资源浪费。

展厅恒温、恒湿等动力负荷应与照明负荷分别由不同的配电箱供电，避免动力设备的启停导致照明质量下降、无法保证展厅照明的功能性、降低照明灯具的寿命等。

（三）每层电气设备间内设置的总照明配电箱及动力箱注意事项

每层电气间内安装总照明配电箱及动力箱，建议总断路器不选用漏电保护断路器，分支回路断路器加装漏电保护跳闸功能，避免任一分支回路出现漏电故障导致总断路器跳闸全楼层停电，影响范围广。分支断路器选用四级漏电断路器，展厅任一回路出现漏电故障时只影响分支电源所带部分，可大面积减少停电范围。

为满足消防规范要求，每层电气间总照明配电箱及动力箱中的总断路器加装电磁脱扣装置，可实现消防联动功能。若出现火灾，消防可切断相邻楼层非消防用电负荷，保障安全。

在展厅及每层的公共空间配电箱内预留足够容量的专用回路，一是方便馆内搞活动时有电源接口，二是有利于设备检修和接临时用电。预留专用回路断路器整定电流分别按 100A、63A、32A 考虑。

四 恒温恒湿配电

随着文物保护意识的增强、技术的进步和馆藏文物保存环境质量检测技术规范及其他相关标准规范的实施，在展厅、库区中安装使用恒温恒湿机越来越多，其有效性、安全性应引起重视。

（一）展厅

在博物馆基建时期一般按舒适型标准要求来完成博物馆展厅的环境设计施工，这种环境的温湿度控制往往达不到有机质等文物对保存环境的高标准要求，因此恒温恒湿机在展厅或展柜中使用是最常见的微环境控制手段。但后期在展柜中单独加装恒温恒湿机，会受到各种条件的限制，不是直接安装使用即可，对设计时就有恒温恒湿电源的展柜需考虑原展柜电源的承载能力；对于老博物馆一般展柜电源是按照明负荷设计的，一条电源回路为几个展柜提供照明，恒温恒湿机功率虽然不大却是动力负荷，照明与动力负荷采用同一回路供电在设备启动时会相互影响，严重时会超载引起跳闸，存在电源回路过载的安全隐患；另外展柜照明会在闭馆时集中关闭，而恒温恒湿机为保证微环境的稳定需 24 小时连续运转，闭馆后展柜电源断电不能满足恒温恒湿机的工作需求。

有恒温恒湿要求的藏品库房、陈列展区的空调用电负荷不应低于二级负荷[1]，二级负荷的供电系统宜由两回线路供电[2]，因此无恒温恒湿电源的展厅需按规范要求对供电线路进行提升改造。

（二）库房

随着藏品保护意识的提升，库房的现代化水平提高，从改善博物馆文物藏品的保存环境入手，提升文物藏品保存环境监测、微环境控制、分析检测等能力，完善库房设施设备，藏品库房中加装恒温恒湿机。按《博物馆建筑设计规范（JGJ66-2015）》10.4.6设计，藏品库房的电源开关应统一安装在藏品库区的藏品库房总门之外，才能够方便藏品库电源的有效管理，并能够从库房外切断电源，保障用电安全。一般库房内无动力电源，如加装的恒温恒湿机供电电源采用藏品库房原有照明电源，同样存在电源不能满足使用需求情况，要按规范对供电线路进行提升改造。

五　照明

充分挖掘利用照明智能控制系统功能，并做好与其他专业的兼容联动，节约资源，减少浪费，确保安全运行。规范、细化照明设计，得到科学有效的光照效果，并为后期照明运行维护提供技术支撑。

（一）展厅照明控制

展厅照明一般采用智能控制，展厅的场景因由不同的设计施工单位完成，常选用其已使用习惯的品牌，诸如武汉天佑、邦奇、施耐德 c-bus、ABB i-bus 等不同的控制系统。虽然这些控制系统均能正常运行，但为确保后期的日常维护便利，提高故障处理效率，节省人力物力，在满足展陈使用要求的情况下，建议统一选用同一品牌产品。

照明智能控制在软件编程时要避免同时发出开灯信号。因照明负荷同时启动会有很大的启动电流，断路器有可能瞬间超载而跳闸。稳妥的做法是同一配电箱内的各照明分支回路相互间隔数秒启动，同一展厅各配电箱之间的照明分支回路可同时启动。另外，设计除满足展示照明的控制要求外，设计人员还应和安保、消防、电气等相关专业人员充分沟通，多了解其他专业的需求，合理利用智能控制的强大功能，与安防系统、消防系统联动，避免各自为政、互不干涉，造成重复设计、重复

---

[1] 博物馆建筑设计规范 JGJ 66-2015，10.4.4 条 .

[2] 供配电系统设计规范 GB 50052-2009，3.0.7 条 .

施工和难以协调，使展厅吊顶内管线凌乱交叉，既造成浪费又加大维护工作量、工作难度，也增加了安全隐患。

（二）照明灯具

在博物馆的内部，有门厅、文物展厅、文物库房、会议室、研究室、图书室、办公室等各种办公地点及场所，由于使用功能的不同，它们对照明的要求也不尽相同，应该根据不同的场所选择相适宜的照明灯具及光源，这就要求设计人员对照明灯具及光源产品有准确认识。

设计人员要设计照明灯具及光源产品的参数，如荧光灯、LED 灯等，要给出灯具的配光曲线、光束角、光源的光通量、色温、显色性（Ra、R9）、光效、色容差、眩光指数、低频纹波、防护等级等。在设计时，如不注明采用何种参数的灯具及光源，安装单位则往往会只从经济、方便的角度（高光效高显色性光源价格远高于低光效光源）出发，不论什么场合，均采用最低价的产品。例如书画库房原采用无紫外线的黄色灯光 YZ36Y-F-P，此光源多为集成电路板生产厂使用，因色谱不全，无法准确地还原书画的真实色彩，工作人员在库房内无法正常工作。若干年前市场上 LED 灯还未完全通用情况下，我们按规范要求更换了另一种防紫外线光源 TLD SECURA 36W/840，既能满足书画对紫外线的要求，又能准确辨别书画色彩。

为充分展示展品的形象，特别是其亮点，达到设计效果，展览展示中照明起着画龙点睛的作用，但通常布展时人们往往只注意到表面效果，设计采用什么样的灯具、光源来实现并没得到足够的重视，只根据现场情况调试灯光。就我单位的陈展工程来讲，由于规模较大，形式设计及施工由多家单位完成，展览形式也各种各样，很难有普遍适用的灯具；各家选用的灯具、光源各不相同，需达到同样照明效果，本可统一的灯具、光源也往往不统一，种类繁多。在基本陈列提升改造过程中，我们吸取经验，要求设计单位的灯光设计要利用照明设计软件，实时模拟各种灯具出光效果，灯光的分布状况，展品表面的等照度图、点照度值等，快速得到合理的照明设计方案，改变过去仅凭现场经验进行灯具选型及灯光调试的工作方式。要充分利用新技术，扩大灯具的选型范围、缩短灯光调试时间，使展品照明灯具灯光的使用既有理论支撑又能紧密结合实际，得到更科学更有效的光照效果。通过照明设计软件，还可提供平面图、照明位置图、照明器具表、灯具资料表等基础照明资料，为日后的照明运行维护提供技术支撑，避免灯具、光源维修更换后达不到最初的设计效果。

Exploration of safe and stable operation of the museum's electrical system

Wu Linfang, Shanxi Museum

Abstract: The construction of the museum is a huge systematic project, which integrates multi-professional technologies such as construction, installation, and exhibition need. The electrical part plays an important role in the safety of cultural relics, which puts forward higher requirements for the electrical profession, especially the details in the electrical system play a key role in the safety of cultural relics. Based on the analysis of the existing electrical system of Shanxi Museum, this paper makes a preliminary exploration on the application and improvement of the museum's electrical system. It is expected to provide reference for the construction of new museums and the improvement of old ones in the future.

Key words：Dual power; Breaker; Distribution box; Constant temperature and humidity; Illumination

论后疫情时代博物馆建设发展方向

宁波博物院　　张思桐

摘要： 新冠肺炎疫情突发并迅速蔓延，极大地影响了社会生产和民众生活，全国各地的博物馆也不得不闭门谢客。面对新冠疫情对博物馆工作造成的诸多影响，博物馆工作人员积极探索，通过开展抗击疫情见证物征集工作，推动线上展览上线，联合多平台开展线上宣教活动等途径创新传播方式和展览教育模式，保证了博物馆的高效运行，满足了民众的精神文化需求。回望疫情期间博物馆建设的探索和创新，数字资源技术问题频现、数字精品资源较少等问题亟待解决。在后疫情时代，为进一步推进博物馆的建设发展，博物馆应加强学术研究工作，加快复合人才培养，加快大数据平台建设，推动多渠道合作，发展远程和分众化教育，继续发挥博物馆在公共文化事业中的突出作用。

关键词： 后疫情时代　博物馆　建设　方向

2020 年 1 月，新冠肺炎疫情突发并迅速蔓延，极大地影响了社会生产和民众生活。面对突如其来的疫情，全国各地的博物馆不得不闭门谢客，但在各级政府和国家文物局的领导下，博物馆的各项工作并没有停止，在疫情防控的基础上，博物馆人积极探索，通过多种途径创新传播方式和展览教育模式，使公众"足不出户"也能便捷享受到博物馆的线上服务，从而保证了博物馆的高效运行，满足了民众的精神文化需求。目前，疫情已进入常态化防控管理模式，博物馆也已正常开馆运营，回望疫情期间博物馆建设的探索和创新，有成果但也暴露出一些问题。吸取疫情期间博物馆开展各项工作的经验教训，并积极探索后疫情时代博物馆建设发展的方向是当前博物馆人应探讨的问题。

一　新冠疫情对博物馆的影响

新冠肺炎疫情发生后，全球的博物馆都受到了疫情的冲击，各地博物馆接连宣布暂时闭馆。据联合国教科文组织 2020 年 5 月发布的《全球博物馆应对新冠疫情报告》显示，在这次疫情中，全球超 90% 的博物馆采取了闭馆措施，其中超过 10% 的博物馆甚至将永久处于闭馆状态。很多国家由于边境关闭，文化旅游急剧减少，直接影响到博物馆的财政收入，而博物馆闭馆所带来的的财政危机也直接威胁到工作人员的生存。

我国的博物馆虽然大部分资金由政府扶持，但是也同样受到疫情波及。在博物馆被迫闭馆期间，很多早已筹备好的展览和配套活动不能在线下正常开展，讲解费用、文创收入等都受到影响。闭馆对博物馆工作人员的工作模式也产生了影响，他们不再直接接触前往博物馆参观的观众，而是开启了居家办公模式。在完成本职工作的基础上，许多博物馆都根据实际工作情况调整工作重心，适当加大学术研究的力度。在疫情缓解后，博物馆得以重新开放，但博物馆的参观人数较之疫情发生前同期仍有明显减少，其原因一方面是在疫情持续影响下，市民出于安全考虑减少了前往公共场合的次数。另一方面是因为博物馆出于避免人员过度聚集的考量，对博物馆的参观模式进行了调整，实行预约限流参观，对每日的参观人数进行了限制。

二　新冠疫情影响下博物馆建设的探索

面对新冠疫情对博物馆工作造成的诸多影响，博物馆工作人员需要利用现有资源，联合社会力量创新展览、宣教和传播方式，继续发挥博物馆在公共文化事业中的突出作用。

（一）"为明天收藏今天"

收藏、保护、研究人类社会的各类物质和非物质文化遗产是博物馆的重要工作，也是推动博物馆发展的重要动力。过去博物馆的收藏多以各类精品文物为主，对现当代的文化遗产关注较少。此次疫情对社会发展和民众生活都产生了重大而深远的影响，博物馆作为社会发展变迁的记录者、保护者和传承者，应当突破传统的观点和限制，收藏当下的社会记忆，尝试征集与疫情相关的代表性藏品，进一步彰显博物馆的社会责任[1]。

本着"为明天而收藏今天"，记录和保存抗疫历史的宗旨，各大博物馆先后发

[1] 潘守永. 为了明天收藏今天——新冠肺炎疫情下的博物馆使命与行动逻辑 [J]. 博物院 ,2020(2):35.

布征集抗击疫情见证物的公告，并及时对相关见证物进行征集和研究。以宁波博物馆为例，此次征集的主要内容包括与抗击新冠肺炎疫情有关的实物、文件、照片、影像及艺术作品，具体包含以下几大类别：表现抗击疫情有关的影像作品，各级政府及部门为做好疫情防控工作陆续发布的行政命令、文件（原件），抗击疫情中使用过的防疫物品物件资料，为表现抗击疫情创作的绘画、书法、诗歌、歌曲等作品以及其他与疫情有关的捐赠物。本次征集抗疫见证物均为无偿捐赠，馆方组织了专家对所有拟征集物品进行评估认定，在经过鉴选决定收藏后，对捐赠的单位和个人颁发捐赠证书。目前，宁波博物馆征集的抗疫文艺作品和防疫物品资料已在展厅展出。

（二）线上展览快速发展

受新冠肺炎疫情影响，各地博物馆不得不闭门谢客。在此状况下，基于互联网的内容服务成为博物馆行业实现职能的主要方式。在闭馆期间，博物馆通过数字化手段推出各类云展览，以新形式满足了博物馆观众的观展需求，丰富了民众在疫情防控期间的精神文化生活。在疫情严重的时期，国家文物局部署各地文物博物馆机构开展线上展览展示工作，通过在全国范围内征集优秀的"云展览"素材，最大程度拓展网上展览的辐射影响。在此期间，国家文物局共推送 6 批总计 300 个优秀的云展览资源，形式包括数字全景展厅、文物数字化展示、网展等，内容汇集各省、市级博物馆及全国三级以上综合类博物馆的招牌展览、迎新春专题展等，让博物馆观众能够足不出户地领略各大博物馆的展览风采，了解充满地域特色的历史文化知识[1]。这些云展览资源中多见数字全景展厅，在文物数字化展示方面秦始皇帝陵博物院在其官网上线"数字展示"栏目，其中的"全景兵马俑"栏目借助 VR、3D 数字文物等新技术，可 360 度浏览兵马俑超清全景图，为观众提供了丰富的文物全息影像欣赏和场景沉浸式体验。在网展方面，浙江省博物馆在疫情期间推出了"丽人行"中国古代女性图像云展览，这是真正意义上全新制作的线上展览。该展览汇集了国内 32 家博物馆的一千余幅女性题材绘画，以当代的、开放的视角，探究古代女性的社会生存环境、日常生活状态以及内心状态。网展突破了实物展品对地理条件的限制，汇集观众调研、学术研究、相关展览、文创展示等多种功能，是策展、观展模式创新的有力尝试。

（三）多平台助力宣教活动

宣教是博物馆的重要工作内容，近年来，伴随着新媒体技术手段的不断升级优

---

[1] 刘京晶，陆家玲."危中觅机"：新冠肺炎疫情下公共博物馆数字文化服务应对和优化 [J]. 人文天下，2020(4):36.

化，博物馆依托线上进行宣传教育的方式也不断创新。在疫情影响下，博物馆通过数字化的资源开展新媒体传播活动，不但可以为观众提供在线服务，进行在线交流，还能让大家足不出户地学习历史文化知识，发挥博物馆的文化传播功能。

在博物馆闭馆期间，许多博物馆都加大了在微博、微信等新媒体平台进行推广的力度，通过与微博历史领域知名博主互动，增加推文数量等手段扩大影响力，充分调动观众在家欣赏文物的积极性。同时，直播也成为疫情期间博物馆宣教工作的重要尝试。博物馆的讲解员化身为网络主播，利用各大网络直播平台开展网络直播，将馆藏文物精品和展览介绍给广大观众[1]。为扩大直播活动的影响力，在国家文物局指导下，各级博物馆积极协调社会力量，共同为公众提供海量文化资源。2020年2月20日至22日，抖音App联合中国国家博物馆、南京博物院、湖南省博物馆、浙江省博物馆等九家博物馆推出"在家云游博物馆"直播活动，专家以全景直播的方式对线上展览进行讲解。2月23日，甘肃省博物馆、苏州博物馆、中国国家博物馆等八家博物馆联合淘宝平台上线"博物馆云春游"直播，开播当日即有近千万观众进入直播间观看互动。直播的新尝试使博物馆观众在观展的过程中，既能听到专业、有趣的讲解，还能通过平台与讲解员实时互动，增强了观展的代入感，获得了观众的普遍好评，成为游览博物馆的新模式[2]。

三 博物馆建设探索中暴露的问题

在疫情影响下，博物馆工作者积极探索，对征集、展览、宣教等工作的开展进行了新尝试，并取得了一定的成绩。但不可否认，这些工作在推进过程中也暴露出一些问题。

（一）数字资源技术问题频现

目前博物馆在云展览的制作过程中会积极使用全景展示、VR、AR等技术手段，以期能最大限度还原博物馆展览的实体场景，赋予博物馆观众在云观展时的沉浸式体验。这类展览的制作初衷是好的，但在实际操作过程中由于各类技术问题频现，导致观众的体验感大打折扣。以目前博物馆云展览的主要类型全景虚拟展览为例，这类展览是基于博物馆已有的实体陈列展览，通过拍照、测量、三维扫描等方式获得数据，对展厅进行真实的"三维重现"。这类展览在实际观展过程中，有的三维展厅会出现鼠标使用过于灵敏的现象，导致展厅中的图像快速晃动，使得观众

---

[1] 陈卓等."博物馆与公共事件"主题笔谈 [J].博物院，2020(2):11.

[2] 刘京晶，陆家玲."危中觅机"：新冠肺炎疫情下公共博物馆数字文化服务应对和优化 [J].人文天下,2020(4):37.

难以迅速看清展板和展品。而部分三维展厅中没有设置方向引导和导览地图，使得观众参观时方向不明。两种问题叠加下，观众一进入三维展厅便晕头转向，影响了参观效果。其次，部分博物馆由于技术手段的限制，展览采集的数据清晰度不足，导致观众放大后无法看清展板上的说明文字以及展品的细节，影响了观众的观展体验[1]。

（二）数字精品资源较少

通过分析此次国家文物局推送的三百余个云展览资源可以发现，虽然此次上线的展览数量不少，但内容大多是把实体展览以数字化的形式转化成线上展览，缺少借助数字化技术对展品的多样化展示和展览内容的深入探讨，部分展览甚至仅仅是文物图片和介绍文字的简单罗列。这种展览流于表面，没能充分利用数字化技术的优势，因而无法最大程度激发观众的兴趣，影响了观众的观展体验感和对展览内容的理解。除线上展览外，部分博物馆的线上教育活动策划也呈现出千篇一律的问题，缺少创意性和趣味性，难以吸引观众的目光。这些问题的出现一方面是由于博物馆学术研究工作不够深入，对本馆文物藏品背后的历史文化信息研究挖掘不足，另一方面也与博物馆缺少同时掌握数字化技术、新媒体、文博历史等专业知识和技能的复合型人才有关[2]。

四　后疫情时代博物馆建设发展方向

当前疫情防控总体形势已趋于稳定，博物馆的建设发展也步入了新的阶段。疫情期间博物馆在各项工作推进过程中的探索和创新是指导后疫情时代博物馆发展方向的重要参考，暴露出的问题和不足也是博物馆建设发展过程中亟待解决的问题。

（一）加强学术研究工作

学术研究是博物馆工作的重要组成部分，是展览、教育等工作高质量推进的基础，但目前许多博物馆对学术研究工作的投入和重视程度较为有限，疫情期间博物馆线上展览和宣教活动暴露出的问题与学术研究不够深入有直接关系。当前部分博物馆的文物研究还停留在描述性研究阶段，对文物藏品的内涵价值研究不足。博物馆应组成专门的研究团队，通过课题研究的形式对本馆馆藏进行体系化的研究，并

---

[1] 梅海涛，段勇. 质与量—新冠肺炎疫情背景下博物馆"云展览"观察 [J]. 中国博物馆，2020(3):34.

[2] 梅海涛，段勇. 质与量—新冠肺炎疫情背景下博物馆"云展览"观察 [J]. 中国博物馆，2020(3):34.

着重加强特色藏品的研究。只有以馆藏文物资源特色的深度研究为基础，发掘文物藏品背后的故事，才能充分展示馆藏文物资源蕴藏的文化内涵、专业知识和人文传承。在研究工作的开展过程中，研究团队取得的学术成果应通过论文、专著等形式发表，从而为本馆的展览、宣教活动提供丰富的材料和历史依据。以学术研究成果为基础，博物馆的策展人员将高深的学术知识转化为博物馆观众能够接受的通俗易懂的展览语言，创作出精品原创展览，使公众愿意看、能看懂展览，从而促进知识传播大众化。而学术研究成果的形成也能够为宣教活动的开展提供新的思路，发掘教育活动的创意性和趣味性，从而改善教育活动策划千篇一律的问题[1]。

（二）加快复合人才培养

博物馆作为一个集收藏、保护、展示、教育等多重功能于一身的机构，需要工作人员掌握文物学、考古学、历史学以及教育学、心理学、设计、文物保护等多方面的知识。近年来，博物馆的数字化建设不断推进，疫情期间博物馆线上展览、宣教等工作的新尝试对博物馆从业人员的专业能力提出了新的要求，博物馆需要培养具备数字化相关知识的复合性专业人才，从而保证工作的正常开展。一方面，在博物馆文物资源大数据平台和陈列展览专题数据库的建设过程中，除吸纳数字化技术的相关专业人才外，也需要为博物馆的保管、展陈设计人员提供数字化技能培训的机会。由于数字化平台建设以文物、展览资源作为主体，博物馆的相关从业人员如果对数字化相关知识完全不了解，会影响博物馆数字化平台建设的质量，也不利于后期博物馆从业人员对平台资源的高效利用。另一方面，由于博物馆正在逐步探索借助新媒体平台进行宣传推广的新途径，博物馆需要加强对从业人员传播和运营技能的培训，使工作人员能够充分利用博物馆官方网站、微信公众号、微博以及抖音、b 站等传播渠道，宣传、普及博物馆的服务信息。

（三）加快大数据平台建设，推动多渠道合作

由于中国幅员辽阔，文物资源分布于全国各地。为使文物资源得以充分利用，国家积极推进"互联网＋中华文明"三年行动计划、全国第一次可移动文物普查等工作。为实现文物资源的"共享化"，博物馆需要整合可移动和不可移动文物普查等工程的成果，搭建面向应用的文物资源数据库和陈列展览专题数据库平台。2021年，中国丝绸博物馆提出联合丝绸之路沿线或相关博物馆共建"丝绸之路数字博物馆"的倡议，该平台集数字藏品、数字展览、数字知识（学术研究成果）、云上策

---

[1] 张立.后疫情时代博物馆传播新样态及其路径研究 [J].云南师范大学学报（哲学社会科学版），2021(3):125.

展为一体，是博物馆加强资源共享和合作的新尝试[1]。

另外，由于博物馆的工作涉及多个学科领域，而博物馆的优势主要集中在藏品的系统化与文物历史知识的权威性上，在平面设计、文创开发、数字技术等方面与专业机构存在水平差距。为提升工作质量，博物馆应结合自身的优势，积极与高等院校、科研院所和相关企业合作，从而突破自身体制和人员的局限，将更多社会资源融入到博物馆中，为博物馆的公众服务注入更多创意和活力。在合作的过程中，双方可以针对博物馆的典型性文物开展多视角、多维度、多层次的价值挖掘，阐述文物背后的故事，突出文物的历史、艺术和科学价值，同时在科学研究、陈列展览、教育活动等方面打造博物馆的品牌[2]。

（四）发展远程和分众化教育

一直以来，博物馆的教育活动大多是通过与学校、社会机构合作，将馆藏文物与区域历史文化知识通过展板、课件、专题活动的形式在线下实体场馆中实现。但在新冠疫情的影响下，要达成这一目标就需要通过远程教育来实现。博物馆可以充分利用各个新媒体平台并结合博物馆官方网站、官方微信公众号开启多元化教学功能。例如博物馆可以结合中小学生历史教材在线上开展系列直播教学、数字化观展教学等体验，使学生足不出户即可进行学习，从而实现线上教育资源的稳定输出[3]。当前博物馆在教育活动的开展过程中，较多地关注普通成人和儿童观众的学习需求。但通过对观众的细分研究可以发现，前往博物馆参观的观众年龄段差异巨大，而观众前往博物馆参观的目的也各不相同，包含学习、休闲、社教等。为实现教育活动的分众化目标，博物馆应针对不同年龄段人群和不同参观目的人群的需要进行差异化教育[4]。

五 总结

经过此次疫情"大考"，博物馆在各方面工作探索中体现出亮点和不足。以此为基础，博物馆只有进一步加强学术研究工作，加快复合人才培养，加强博物馆数字化建设，盘活数字资源，拓展公共博物馆的业务范围，推动多渠道合作，发展远程和分众化教育，才能适应后疫情时代博物馆的建设发展要求，继续发挥博物馆在公共文化事业中的突出作用。

[1] 范婷婷 . 后疫情时代，博物馆新媒体对外宣传思路分析 [J]. 航海，2021(2):14.

[2] 侯鸿忠 . 疫情防控新常态下的博物馆建设思考 [J]. 客家文博，2021(1):14.

[3] 陈卓等 . "博物馆与公共事件"主题笔谈 [J]. 博物院，2020(2):11.

[4] 杨应时 . "后疫情"：我国美术馆公共教育的数字化走向 [J]. 美术，2020(6):18.

The development direction of museum construction in the post-epidemic era

Zhang Sitong, Ningbo Museum

Abstract: The sudden and rapid spread of the COVID-19 epidemic has greatly affected social production and people's life. Museums across the country have to be closed. Faced with the impact of COVID-19, museum staffs explore ways to innovate communication, exhibition and education models. Through collecting the witnesses of the epidemic, promoting online exhibitions, cooperating with multiple platforms to carry out online publicity and education activities, museums ensure the efficient operation and meet the spiritual and cultural needs of people. Looking back at the exploration and innovation of museum construction during the epidemic, technical problems of digital resources appear frequently and the number of digital boutique resources is small. These problems need to be solved urgently. In the post-epidemic era, in order to promote the construction and development of the museum, museums should strengthen academic research, train compound talents, accelerate the construction of big data platforms, promote multi-channel cooperation and develop remote and segmented education.

Key words： Post-epidemic era; Museum; Construction; Direction

讲好上海故事　　建设人民的博物馆

——上海市历史博物馆（上海革命历史博物馆）新馆基本陈列建设理念

上海市历史博物馆　　陈汉鸿

摘要： 随着社会的发展，观众心理预期的变化，传统的"文物＋场馆＝博物馆"的观念已经被时代淘汰，如何实现实物展示与数字技术相衔接、故事叙述与氛围再现相统一，是当下历史类博物馆需要解决的新课题。上海市历史博物馆（上海革命历史博物馆）新馆建设便始终坚持"以人民为中心"，在做到内容准确、形式新颖、互动多样的基础上，努力将建筑、文物的故事用当代人愿意接受的方式娓娓道来，努力将新馆打造成为观众愿意来、来了愿意看、边看边思考、文物活起来的上海新文化地标。

关键词： 新馆建设　　陈列理念　　古建保护　　新技术　　新思路

博物馆是一个国家经济实力和文化实力的象征。随着国力的大幅提升，党中央对文化强国建设高度重视，博物馆的公益属性和社会效益更加凸显，记录历史、传承文明、弘扬文化的职能进一步发挥。《上海市"十三五"时期文化改革发展规划》提出，上海要按照努力建设全国文化中心、基本建成国际文化大都市的总目标，建设公共文化设施体系，率先建成现代公共文化服务体系。在文博方面，"未来四年，上海将打造围绕人民广场地区和世博滨江文博地区两个城市中心博物馆集聚区，加快上海博物馆东馆、上海市历史博物馆、上海文学博物馆、上海天文馆等项目的建设。在郊区也要建成崧泽遗址博物馆、广富林遗址博物馆、青龙镇遗址博物馆等三大考古博物馆。"[1]

乘着时代东风的上海市历史博物馆（上海革命历史博物馆）（以下简称"上历博"）在这一轮的场馆建设中获得了市委市政府的大力支持，打响了创建优秀城市博物馆的建设大会战。

---

[1] 央广网.建设国际文化大都市 上海将迎来一大批文化设施 [OL].2017-04-25.http://news.cnr.cn/native/city/20170425/t20170425_523725652.shtml.

一 老楼新生

　　根据市委市政府的批准，上海市历史博物馆（简称"上历博"）的新馆址坐落于人民广场核心区的南京西路325号。这里是原跑马总会大楼、上海市文物保护单位、上海市优秀历史建筑、也是老上海地标性建筑之一。早期的跑马比赛是体育活动，供西人休闲娱乐。19世纪70年代后期开始发行跑马彩票，跑马逐渐成为一种赌博，对国人荼毒颇深。此外，万国商团也时常在跑马厅操场内操练，一些英美等国国庆或主要纪念日、重要军政人物来沪，还会在此举行大型阅兵式。跑马总会大楼逐渐演变为上海滩最大的赌场和销金窟、歧视华人的场所、殖民主义权力的象征。

1930年代跑马总会东楼和西楼

　　1949年10月1日，中华人民共和国成立。次日，"上海人民保卫世界和平、庆祝中国人民政协与中央人民政府成立大会"在跑马厅隆重召开，上万市民群众纷纷自发前来参加大会。10月8日，更大规模的庆祝游行活动在跑马厅举办，游行队伍从早上起便陆续从四面八方汇集到跑马厅，中午12点游行大会开始，一直持续到次日凌晨4点，各界群众合计达五十余万人。

　　1951年，上海市军事管制委员会着手收回跑马厅土地。在厘清土地、产权归属后，将跑道和中央运动场改建为人民广场和人民公园；将公共看台改建为上海市体育宫，后于1993年拆除，原地建造上海大剧院。跑马总会大楼改建成为上海图书馆和上海博物馆。1959 年上海博物馆从大楼内迁出，大楼全部归为上海图书馆使用，东楼为书库和阅览室，西楼则主要用作办公区域。1979 年，上海图书馆拆除东楼原跑马厅看台并进行改扩建，形成新的东楼一层、夹层和二层空间格局。

南京西路等待排队入场的读者

1997 年上海图书馆迁出，东楼用于建设上海美术馆新馆，西楼在上海大剧院建成后作为其办公室使用。为满足美术馆的功能需求，东楼一层的东西向敞廊被改造为中庭融入一层室内空间；在上海图书馆时期改建的东面三层基础上再加建两层，并与原有三层、四层连通；在扩建区域建造大楼梯连通一至四层各楼面。由此，跑马总会大楼形成了新的室内空间格局，展出面积也达到 5800 ㎡。2000 年上海美术馆新馆对外开放，与上海博物馆新馆、上海大剧院一起，成为环人民广场的标志性文化建筑群。

2012 年，上海美术馆从跑马总会大楼搬迁至中华艺术宫。经过多方研究讨论，2015 年 11 月，上海市委、市政府最终决定上海市历史博物馆（上海革命历史博物馆）（以下简称"上历博"）新馆选址"跑马总会旧址"，东西两楼在修缮改造后一并交付博物馆使用。

作为上海市近代优秀历史建筑，如何让历史建筑满足现代博物馆的需要、建筑修缮展示既展现历史文化底蕴又与城市风貌相融合、建筑本体与展陈内容完美融合，这三大问题始终考验着整个项目建设团队。

经过多轮设计和专家论证，最终馆方、土建设计方与展陈设计方达成了一个共识：跑马总会大楼将是上历博最大也是最重要的展品和文物，按照历史建筑"修旧如旧"的原则，大楼的外立面修缮、特色部位修缮遵循最小干预原则，不改变大楼外貌原状；楼内的原则是：凡是曾经经过改建的，按照现代博物馆功能进行再改造；凡是老建筑内的原始痕迹，都予以保留。

环境整治前实景鸟瞰

因此，一楼、二楼的空间格局没有按照现在博物馆的展示需要进行任何切割，观众可以看到建筑建成之初的原始面貌，如一楼序厅里的雕花、精美的牛角，二楼红白厅及大通道的藻井等，使观众能够感受到这栋建筑当初的奢华。三楼、四楼因历次改造改建对原有建筑格局变化较大，就按照现代博物馆的需要，根据建筑结构进行了重新布局。

而三楼、四楼，随着修缮的一步步深入，1930年代的跑马总会原始东外立面逐渐被剥出。尊重历史、展现历史，最终的陈列方案彻底推翻三楼、四楼入口处的封闭式设计方案，改为"通道＋陈列"的方式，虽然四大公司橱窗式的创意没有实现，但当观众在参观过程中能最近距离看见、触摸到1930年代的外立面红砖时，不少人都感叹："这座博物馆好像活了！"

修缮后的序厅

当修缮一新的上历博重新打开南京西路大门、观众再次走进熟悉而又陌生的跑马总会大楼时，时常能听到"这里以前年轻的时候经常来的，现在变化好大，真的好漂亮""在这样的建筑里看展览真的有穿越时空的感觉""这个博物馆做的好典雅，好有气质"。

老楼新生，是此次新馆改陈的工作动力。当昔日熟悉的历史建筑逐渐向公众开启封闭之门，市民和八方游客得以从时光雕刻的记忆中找到这座城市对历史的敬畏、对文化的热爱和对未来的期盼，就是对上历博工作最大的肯定。

二　双璧合一

遵循"以城市史为脉络，以革命史为重点"的原则，编撰一份优秀的大纲文本成为展陈团队的核心工作。在综合研究了国家博物馆"复兴之路"方案、天津博物馆"中华百年看天津"方案和国内多家革命类纪念馆、历史类博物馆的展陈方案后，策展团队认为用唯物史观整体认知和展示革命史和城市史是破解内容上的"两张皮"和空间局限的唯一方法。

上历博的展示涵盖了目前上海行政范围内有考古依据的6000年以来人类活动。而从中国历史发展脉络和上海城市发展概况而言，鸦片战争前后的上海是一个重要节点。因此，上历博将基本陈列分为"序厅""古代上海"和"近代上海"三大部分，通过一千余件（套）文物和四十余项展项，全面展现上海城市发展各个历史时期的重要节点和重大历史事件。

作为跑马总会大楼的重点保护区域，序厅的历史原貌保存较好，内饰风格雍容典雅又精致细腻，因此，整个展览的序言要与整个环境相适应，要做成一篇大开大合的诗词。最终确定了用影片方式串联起上海6000年的脉络梗概。

在6分钟时长内，前三分钟以时间变化推进，辅以朝代更迭，讲述上海从远古时代开始，如何成陆，市镇繁荣，人口增长，疆域演变，一步步发展成为海纳百川的国际大都会，呼应观众对上海的整体性认知，也和整个基本陈列内容相映衬。后三分钟讲述近代上海发生的重要事件，突出中国共产党在的诞生、壮大，彰显上海厚重的红色文化底蕴。

通过加装了自动扶梯的大楼梯，观众从二楼开始，正式开启6000年穿梭之旅。

"古代上海"位于二楼展厅。这一楼层的展厅条件是整个场馆中最好的，红白两厅格局方正，完整保留了跑马总会贵宾俱乐部的基本风貌，奢华大气。但历史建筑的保护要求和房屋现状，又给项目组提出了新的难题。在这两厅中，要遵循"三不靠"的保护原则，不能用过高的展墙破坏展厅的整体风格，展柜大小重量受限，展线长度受限、多媒体设备安放条件受限，这些都对展陈内容提出了限制与挑战。

在保留历史原貌基础上如何用统一的设计元素串联起古代史的内容成为此次陈列设计的难点之一

　　展陈方案决定不拘泥于一朝一代的时代演变，不执着于一人一事的具体经过，而以宏观视角对远古时期和史载时期春秋至清中期分别进行展示，这又恰好适应了二楼红白两厅的空间布局。

　　远古部分，展览着重强调三个问题：1.上海何时开始有人类居住、活动；2、远古时代上海出现过哪些文化高峰；3.远古时代的上海与长三角地区、中原地区有着怎样的联系交流。通过这三个问题，向观众传递两条重要线索：1.上海自远古时期开始就不断有移民来此开垦；2.自远古时期就上海与周边和中原地区都有着密切的往来联系。由此，也为后续古代和近现代的故事演绎奠定的整体基础，即上海的文化根基便是包容、多元、开放。

　　春秋至清中期部分，安排在只有约 500 ㎡ 的白厅中，时间长、内容多，如何突出主题、平衡条线。按照"不拘泥、不执着"的思路，上历博按照一般观众易于理解的行政、经济、文化、生活对上海的古代发展史进行重新统合，同时又在每个块面中寻找不同历史时期的特点，展示"高光点"，放弃大而全的演变。例如，古代上海的经济支柱以航运贸易、棉纺织和治盐为主。航运又关联着水利开发治理、造船技术革命、航运贸易往来等相关内容。同时，上海发达的航运贸易又成为近代上海被迫开埠的重要原因和后续城市产业发展的重点，因此，在古代部分，航运贸易始终穿插在了整个展厅之中。

　　展厅入口处的青龙镇专题，将青龙镇考古发掘和史志记载相结合，展现了这座唐宋名镇 200 年的繁华兴盛，更通过考古实物证实自隋唐始上海地区就逐渐步入了港口经济的时代，并在此基础上逐渐形成了发达兴旺的商品经济与对外贸易，促进了市镇兴起。而随着吴淞淤积，上海的水利治理开发延续了数个朝代，郏亶、夏元吉、海瑞、林则徐等多位"父母官"曾治理吴淞、黄浦，直到黄浦江彻底取代吴淞江成为太湖主要泄水道后，才形成今日上海一江一河的水系面貌。

　　伴随着黄浦江的兴起，上海的航运业得以不断壮大，以沙船贸易为代表的江南地区海洋贸易蓬勃发展，北上京津、南下闽粤，对明清以来江南区域社会经济的发展起到了很大的推动作用。沙船业成为促进上海城市经济、港口发展的重要支柱行业，是昔日上海城市发展的重要标志，推动了上海港口城市的形成。到 1856 年，上海道甚至以沙船商名义发行"上海银饼"，应付流通中的货币之不足。王永盛、郁森盛、经正记作为上海最大的沙船号商，拥有大批沙船，从事沿海运输，对上海

在不到 10 米的展线内以"水"为线索集中展示上海古代治水用水的历史

港区的形成和上海城市发展做出了巨大贡献；他们铸发的上海银饼，是上海最早的自铸银元，也是中国现存最早以两为单位的银元，为清末上海经济发展做出了贡献。

伴随着航运贸易的不断发展，上海与世界的交往也愈来愈深。以徐光启为代表的一批晚明学人与来华欧洲传教士合作，把欧洲的天文、数学、地理等著作介绍到中国，同时把中国的《大学》《论语》等典籍介绍到欧洲，加深了东西文化间的交往。以此为例，古代上海市镇发展、市民生活、城镇文化的发展变迁都以这种线性的方式交错呈现，而同时又将唐、宋、元、明、清不同时代上海城市的阶段性特征进行了展现。

除了之前的几条主线之外，红白两厅紧扣两条暗线徐徐铺陈：一，六千年的发展史，使得上海自唐宋之后便是中国南北航运的重要港口，明清之际更是连接长江，内外航运在此汇聚，航运贸易自古以来既是上海的支柱产业；二，自上古时期开始，上海便以开放、包容的心态迎接四方、走向世界，上海的地域文化自古以来便是开放、多元、包容的。

三　重物重史更重情

三层、四层是整个基本陈列的重点，演绎着从 1842 年吴淞之战起至 1949 年 5 月 27 日上海解放一百余年间的城市飞速发展与中国革命火种孕育、开天辟地大事变及抵御外辱、城市新生的革命风潮。

"近代上海"，下设 7 个单元，"上海开埠，国中之国""中西交汇，城市转型""辛亥革命，上海光复""中共创建，开天辟地""经济中心，远东都会""同心戮力，抗战风云"和"争取民主，都市新生"。这一部分的陈列逻辑，强调以物证史、以物知史。

上历博建馆近 70 年来，收藏了一大批见证、反映上海近代城市变迁与重大事件、重要人物的文物、文献与图像史料。但上历博不希望把展览做成"墙上的教科书"，因此让观众对展览感觉到亲近、亲切是上历博的工作方向。

重要事件、关键节点，一定用"物"证史，用历史事实说话，坚持用唯物史观反驳历史虚无主义的荒谬论调。例如，在展厅中，一方面介绍了近代以来上海城市建设、产业发展取得的一系列成就，同时，也将半殖民地半封建状态下的城市畸形发展、市民贫苦生活进行展示，使观众更全面地了解近代上海的真实面貌。近些年"古装剧""民国剧"热潮，一方面引发了社会各界的"历史热""考据热"，但同时也引发了美化民国、美化殖民侵略的现象。因此，作为城市历史与文化的传承者，上历博有责任以优秀的展览以正视听。

随着历史研究的不断深化，对"租界"的认识，现在绝大多数学者都持"一体两面"的观点。"上海租界是在华帝国主义者的大本营，他们所有赖以压迫我们，侵略我们的一切事业和机关，都以上海租界为根据地。狂吠乱噬的西字报，造谣惑众的外国通信社，操纵金融的外国银行，出没长江的外国军舰——哪一个不以上海租界为中心。"[1]但洋行的设立，租界的开辟，近代市政设施的建设，客观上也推动了上海城市的近代化进程，刺激了民族资本主义工商业的发展壮大。

因此，我们用另一个视角带领观众来理解近代上海租界对中国近代化的影响——为什么中国共产党在上海诞生。

无论是从人口、交通、政治、经济的角度，还是论其国际视野、思想包容、阶级基础，都没有哪一座城市能像上海这样，拥有孕育一个无产阶级政党的绝佳土壤。而孕育这一切基础的条件，便是近代上海独一无二的发展轨迹。

因此，我们用三个单元讲述1921年前的上海城市发展概况，使观众能够了解在这座城市内存在的"一市三治"的特殊城市格局对中国政治、经济、文化、社会等各方面的深刻影响，能够理解为什么中国的无产阶级会诞生在上海、工人阶级会在上海登上政治舞台、中华儿女会在上海爆发一系列轰轰烈烈的爱国运动。在这一连串的叙事中，我们着重挖掘有代表性的文物，辅以历史原照、文献记载以及艺术品、场景等手段，将单个的文物和宏大的历史叙事相结合，打通观众的情感共鸣。

比如，展厅中的1895年英国道白生（Dobson）公司生产的清花机。这台机器入馆前为原国棉二十二厂所有，国棉二十二厂的前身是荣氏申新九厂。而申新九厂则为收买三新纱厂而来。三新纱厂的前身即为清末洋务运动时所开设的上海机器织布局，该局为清末中国自强运动的一项重要举措，俗称"洋布局"，是中国最早的官督商办棉纺织厂，是中国民族棉纺织工业的鼻祖。洋布局的机器全部购自英、美两国。1890年部分机器设备正式投产，却毁于1893年10月的一场大火。后李鸿章、盛宣怀在其原址设华盛纺织总厂。几番周折，1913年改组为三新纱厂。1931年，申新公司够得三新纱厂全部机器房屋，此地成为申新九厂厂址。三年后，申新九厂又携带所有机器设备迁至澳门路新厂房。从晚清洋务运动，到民国黄金十年，再到建国后公私合营。这台机器见证了中国棉纺织业一路辛酸曲折，也见证了中国无产阶级从无到有、从弱到强的发展壮大过程。当我们用激光投影动画投射到机器之上后，这台机器仿佛再次"复活"运转了起来，观众的耳边似乎想起了轰轰的机器声，低沉地述说着这段历史。因此，不少观众都被这台机器的故事所感动。

对抗战期间的上海，这次的陈列没有对两次淞沪战役展开细节描绘，两部影片、硝烟之后的战场环境迅速将观众从1930年代的歌舞升平拉入到紧张危亡的氛围。不同于一般博物馆对战场的重点铺陈，这部分的重点放在了"文化"与"希望"。上海是中国抗战文化的发源地，这为全国抗战文化的形成和发展起了先导作用。

---

[1] 钱端升.收回上海租界的迫切[A].钱端升全集·文选（上）[M].中国政法大学出版社，2017:63.

动静之间清花机又"转"了起来

　　"九·一八"事变后，上海的文化人以强烈的爱国责任感，通过各种方式参与抗日救亡运动，团结意识初步表现出来。"一二·九"运动后，上海文化界救国会成立。这不仅是一个广泛联合了上海文化人的统一战线组织，而且表达了中国文化界克服文化人涣散状态，团结一致反对日本帝国主义侵略的集体意志。正是因为中国共产党的领导，文人间门户派别、见解之争被抗日救亡的热浪淹没了，不同政治面貌、不同文化流派、不同思想和价值观念的文化人在同一个救亡组织、同一个抗日宣言的签名单上出现。靠着文化界的团结一致，才使文化战线上反对日本帝国主义的斗争得到延续，才流传下许多脍炙人口的抗战诗歌、音乐、漫画、电影。

大面积的图版信息＋历史影像营造出紧张而又激昂的历史氛围

所以，在陈列设计中，我们紧紧抓住"希望"二字，让图版如潮水般层层叠叠、喷涌而出，在展厅中播放老电影片段，不少上年纪的观众都会在《义勇军进行曲》首版唱片前驻足，低声跟着音乐哼唱，感受着那个时代人们对坚持抗战获取胜利的"希望"、自强不息民族复兴的"希望"。

四　用新技术感触历史的"温度"

此次新馆陈列，上历博特别重视对"历史温度""观众情感"的演绎。展览始终将文物线、数字线和体验线进行穿插，充分调动观众"看""听""摸"，通过新技术打通静态的文物与观众五感的壁垒，真正实现"文物活起来"。

序厅魔镜墙也是让不少观众不舍离开。这一展项，充分体现了博物馆对学术普及所能发挥的重要重用。展览的核心内容，是复旦大学史地所数十年来对上海区域的基础性研究——数千年来疆域、人口、城镇、经济、社会形态的演变。这些数据本是干巴巴的文字和数字，但上历博通过引入新技术团队和博物馆人的展陈理念，成功实现了突破性转化。不少观众都喜欢在这里亲手查看上海的历史沧桑。

深受观众喜爱的魔镜墙

三楼展厅中的"近代风气第一"，本是通往洗手间的通道，但动作感应技术的使用，让观众通过拍打触碰，以投影方式讲述文物背后的故事。当静态的黄包车在墙面上奔跑起来、潺潺的自来水流入寻常百姓家、轰鸣的火车缓缓驶过时，展柜中的文物与观众之间的隔墙被彻底敲碎。不需要大篇幅的文字描述，短短十几秒的动画和几行文字，立马就能让观众对之前的参观内容进行回溯，强化了参观印象，也活跃了展厅氛围。所以，这一展项一直都颇受观众欢迎。

大量观众在人气展项前互动拍照

　　另一个令观众感动的是展厅里的历史原始影像和新近推出的"声音博物馆"。项目团队通过梳理馆藏所有与声音相关的资源、与有关单位的密切合作，最终找寻到了一些重要的历史原声，使整个展览的氛围感更强，观众的代入感也更强。

　　展览最后《难忘的瞬间》也是这次展览的点睛之笔。上历博的基本陈列下限到1949年5月28，上海市人民政府成立。但之后几十年的上海的发展不能抛弃，不少专家、市民都强烈要求上历博对这部分内容要有所表现。在策划过程中，建国后的内容取舍、演绎方法确实很难决断。最终，策划团队选取了1949年以来上海城市发展中极有重要意义、与百姓生活密切相关的70余个事件，串联起这70年翻天覆地的变化。特别是改革开放之后，广大观众的感受更深。这一展项本设在一个小影厅内，原本认为观众不会过于关注。但从开馆至今，每天都有大批观众认认真真看完这近8分钟的影片，重温这几十年上海的快速发展、百姓安居乐业，不少观众都热泪盈眶，感叹祖国伟大、中国共产党伟大！

　　此次上历博新馆的建设过程中，我们更切身地感到一个现代化博物馆的基本陈列建设是一项极为复杂的综合工程，而在历史保护建筑中进行陈列改造更不亚于"带着镣铐跳舞"，要在各方矛盾和牵扯中实现传播目的。从确定主题、编撰大纲再到设计转换、现场施工，每一个步骤都是对文博人"初心"的考验。陈展内容的合理严谨、实现手段的新颖多样、文物展品的科学保护、参观流线的顺畅清晰、观众服务的体贴细致，每一个需求都要在文本创作和设计转化中予以考量。以方便观众为出发点，想得越多，各参建方越能形成合力，共同解决难题，后期需要整改返工的地方也就越少。

此次上历博团队在新馆建设中紧抓"观众视角"和"未来发展"。无论是文物的摆设、多媒体互动体验，我们都尽可能考虑到成年观众与儿童身高的差异，确保重点文物、精彩内容都能呈现在小观众的眼中，同时在多媒体系统内设置儿童模式，方便小朋友操控。而在场馆空间、陈列内容上，我们也着眼博物馆未来发展趋势，留出小块空白区，为今后博物馆的进一步提升留出空间，使场馆常变常新，保持对观众的新鲜度。

当然，上历博新馆建设也留下了许多的遗憾和问题。如个别展区内容和形式的不尽合理，个别空间的环境压抑，一些大型重型文物无法入场展示，观众休憩、休闲空间有限等问题仍然存在。年轻的上历博人抱定为人民建设博物馆的决心，正努力解决一个又一个问题，不断用更加优质的展览和服务为广大市民提供更多更好的精神文化服务，不断为我们这座可爱的城市建设更美好的人民城市博物馆。

Tell the story of Shanghai well and build a people's museum

——The basic display construction concept of the new Shanghai Museum of History

Chen Hanhong, Shanghai Revolutionary History Museum

Abstract： With the development of society and the changes in the audience's psychological expectations, the traditional concept of "cultural relics + venues = museums" has been eliminated by the times. How to realize the connection between physical display and digital technology, and the unity of story narrative and atmosphere reproduction is the current historical category. New issues that museums need to address. The construction of the new Shanghai Museum of History (Shanghai Revolutionary History Museum) has always adhered to "people-centered", and on the basis of accurate content, novel forms, and diverse interactions, it strives to make the stories of buildings and cultural relics acceptable to contemporary people. We will try our best to build the new museum into a new cultural landmark in Shanghai that audiences are willing to come, want to see, think while watching, and make cultural relics come alive.

Key words： New building construction; Display concept; Protection of ancient buildings; New technology; New ideas

后疫情时代博物馆沉浸式展览联动"云展览"再设计

——以"丝路遗韵五彩龟兹——龟兹石窟壁画艺术展"为例

上海市青浦区博物馆　张佳婷

提要： 后疫情时代，传统陈展已经不是博物馆展示文物，公众观展的唯一途径，云端展览已成为博物馆新的展示方式。如何突破传统策展模式吸引更多观众，是后疫情时代博物馆策展人所需要面临的改变。文章通过释展进一步尝试探索与创新应对疫情时代博物馆的沉浸式展览与"云展览"再设计相结合，开启博物馆与公众新的交流渠道，帮助博物馆扩大自身影响力，即保存着文化演变轨迹，又呈现未来开放的文化价值。

关键词： 后疫情时代　展览策划　沉浸式　云展览

国际博物馆协会（ICOM）确定 2021 年"5·18 国际博物馆日"的主题为"博物馆的未来：恢复与重塑"（The Future of Museums: Recover and Reimagine）。面向未来社会、经济、环境等挑战[1]，博物馆对于自身功能定位与发展方向，开启新思考，探索新模式，提出新方案。

疫情时代的到来，加快博物馆业主动创新的发展，尤其是更加关注网络数据化和新的传播文化方式及展览形式。其中云展览代替传统展览在公共文化服务中起到了重要作用。"线上"展览火热地在全国各地文博机构展开，故宫博物院推出的"数字多宝阁""全景故宫"等，观众在线上"云游"的方式就能浏览故宫全景；敦煌研究院推出的微信小程序"云游敦煌"，通过手机即可欣赏敦煌之美；辽宁省博物馆也推出了"又见大唐"大型文物特色 VR 线上数字展厅；南京博物院、中国国家博物馆、内蒙古自然博物馆等也纷纷构建网上数字展厅。线上展览的推出在文化领域产生很大的影响，在后疫情时代博物馆文化复苏与革新中具有创造性潜力。[2]

[1] 博物馆的未来：恢复与重塑 [N]. 福建日报，2021-05-18(10).
[2] 走进首博，来一场穿越时空的旅行 [N]. 中国文化报，2021-05-20(2).

一　"丝路遗韵 五彩龟兹——龟兹石窟壁画艺术展"的展览背景

上海青浦是海上丝绸之路的重要起点之一，是唐宋时期海上丝绸之路的重要节点城市青龙镇的所在地。青浦与龟兹，一东一西，构成了历史上的海上和陆上丝绸之路的两个重要支点。为了更好地传承和弘扬古丝绸之路优秀的传统文化艺术[1]，青浦博物馆与新疆龟兹研究院在 2019 年 12 月 18 日联手推出《丝路遗韵 五彩龟兹——龟兹石窟壁画艺术大展》，这是一份来自西域的艺术问候，更是一场丝绸之路的文化盛宴。

龟兹拥有比莫高窟历史更加久远的石窟艺术，它被现代石窟艺术家称作"第二个敦煌莫高窟"。西域龟兹古国地处中亚腹地塔里木盆地之北缘[2]，扼古丝绸之路要冲，是中华文明、希腊文明、波斯文明、印度文明，以及阿拉伯文明的交融荟萃之地[3]。东西方文化沿着古丝绸之路在这里交汇、碰撞、融合，不断繁衍生息，孕育出了灿烂的古龟兹文化。这块大地上的诸多文化遗存不仅为消失的文明提供了特殊的历史见证，同时还突出地展现了佛教文化和艺术传播、交流的历史发展轨迹。其所表现出跨民族、跨文化的开放性、包容性、融合性与多元创造力，成为人类文明与文化艺术发展承前启后的历史典范，举世瞩目。

本次龟兹石窟壁画艺术展共展出新疆龟兹研究院提供的 43 件壁画临摹作品、数字高清复制品，时代跨度从公元三世纪至十世纪，以佛教文化为主要题材，反映了古龟兹这一丝路明珠的历史进程和独特的文化传统，展示了其绘画、民俗、乐舞艺术的发展与演变。[4]

二　"龟兹石窟壁画艺术展"沉浸式的美学表达

"沉浸传播"是我国学者李沁博士提出的"第三媒介时代"。[5]沉浸式传播依靠网络和大数据为物理基础，全新的信息渗透模式及其产生的无限能量以各种媒介科技形态展现，它无时不在，无处不在，无所不能地接受信息、处理信息、传播信息。"沉浸式"通过视觉、触觉、听觉等感受，使观展人在虚拟与现实之间自由转换，赋予观展人更深刻的感官体验。

[1] 田俊兰.陶瓷艺术与龟兹壁画结合的可行性探索 [J].美术教育研究，2017(14):36.

[2] 朱建军.龟兹石窟：遗存丰富 盗损严重 [J].丝绸之路，2018(09):1-6.

[3] 徐翌晟.千年遗韵今又见日天对鸟如新生 [N].新民晚报，2019-12-19(15).

[4] 王筱丽.足不出"沪"，走近西域瑰丽 [N].文汇报，2019-12-19(9).

[5] 李沁.媒介化生存——沉浸传播的理论与实践 [M].中国人民大学出版社，2019:63-67.

龟兹壁画艺术展的沉浸式策展，目的要在一个空间内，同时将展品信息，色彩视觉，环境氛围全方位地渗透给观众。

（一）"龟兹壁画艺术展"中的视觉设计

龟兹壁画艺术是由雕塑人物形象、佛教的建筑、壁画彼此有机的组合而成，并且龟兹作为古代丝绸之路的要塞，东西方文明文化交流的汇聚之处。它既拥有着当地文化和民族特色，也融合着波斯、希腊、印度等国家的文化特点。

此次展览的主视觉灵感来源于龟兹石窟克孜尔第八窟主室前壁入口上方圆拱的飞天说法图。壁画高 115.6 厘米，宽 329 厘米，平衡构图形式，正中为一华盖，两侧各有双身飞天，人物身姿平衡对称、优美生动，均有头宝冠和披帛。飞天或执华绳、或捧盘、或弹琵琶，极富装饰性。此壁画主要表现了诸天齐来闻法、奏乐欢庆的场面。此壁画由蓝白色为背景、青绿、赭石、朱红等色彩呈现，以青绿色为主色调，是龟兹壁画特有的色彩表现。画面取其壁画右侧双色飞天为主要人物形象，主视觉背景运用大面积赭石红色，飞天冷色的青绿与背景暖色的赭石红形成画面互补，强烈对比色加强整体画面感，形成对比鲜明、感官强烈、富有动感的视觉效果。

画面下方岩石设计，灵感来源于龟兹壁画的制作工艺，龟兹壁画多以提取当地的岩石研磨成矿物质颜料为主要色彩材料，所以岩石的形象也表达着龟兹壁画的一种绘画语言。岩石造型经过数字化设计，画面切割重新排列，结构简约鲜明，渐变的色调又具现代感，岩石形象似而不同，布局疏密，画面呈现出高低起伏的韵律节奏。在不同位置反复运用却主次分明，画面活跃而富有组织规律，整体色彩关系相互呼应不失单调又显得画面层次和谐。

河流设计采用流动布势，由下而上贯穿画面的白色河流寓意着龟兹作为丝绸之路的重要形象，简单纯净的白色给整体岩画般的设计理念增加了通透感，与画面上方的飞天像在空间上做了延伸，整体设计上呈现立体感，空间上表达龟兹佛教文化天与地的概念，达到画面的平衡。

在龟兹文化中，不同的符号标识，独特的色彩表达都可以蕴含着不同的精神含义。青绿色岩石，白色河流，赭石红色的背景色彩都取自于龟兹壁画克孜尔石窟飞天形象。色彩与环境形成相互呼应，大面积赭石红色背景画面呈现斑驳的特殊效果，热烈、富有动感，模拟石窟墙壁的颗粒质感，增加观展趣味性，同时利用平面表达质感，从视觉延续至触觉将观展者从现实空间缓缓引入到壁画世界。

（二）"龟兹壁画艺术展"的空间设计与沉浸式氛围打造

沉浸式展览不同于以往传统展览模式，不再是单纯的点对面的单项传播。沉浸式展览的沟通过程双向进行，展物与空间融合，观展人与展览空间感应，观展者与策展者互动三者又相互联动影响，完成良好的信息传播，形成新的展览模式——沉浸式展览[1]。空间设计是沉浸式展览的必不可少的呈现方式。

　　此次"龟兹壁画艺术展"展出年代最早、面积最大的壁画出自于克孜尔石窟第118窟主室券顶《天相图》公元三世纪，宽达500厘米，高达229厘米；最小的壁画天人头部出自克孜尔石窟第38窟尺寸仅为30.5厘米×26.5厘米。龟兹石窟壁画尺寸各有不同，大小尺寸迥异，为空间布局带来了一定难度。最后确定壁画作品重新装裱，采用木质画框与亚麻色质感的背景展墙，搭配统一。整体空间布局从临时展厅内延伸至馆中厅，临展厅采用集中式陈列，馆中厅采用分散式陈列。一是延展打破陈列展厅的平、板、浏览动线不流畅等不足；二是利用露陈对展品进行巧妙的再布局，展品为43件不同时代、不同风格的龟兹石窟壁画作品，露陈可灵活调整巨幅展品展示的节奏感，使展陈内容层层递进；三是打破展厅格局的边界，发挥文物展品本身文化的作用，拉近展品与观众的距离，打造沉浸感受的艺术展氛围，使观展人与展览融为一体。

　　沉浸式展览不仅仅是欣赏观看，更重要的是观展人的参与感。在龟兹壁画艺术展中，从整体博物馆的装饰至馆内临展厅都做了环境氛围的布置。博物馆的入口处设置设计了龙门架装置艺术，龙门架上祥云飞舞寓意穿过历史的厚重云层，来探寻历史悠远的龟兹文化，东西方文化沿着古丝绸之路在这里交汇、碰撞、融合。博物馆外墙悬挂四幅巨型垂幅，灵感来源于库木吐喇石窟新2窟中的十三身菩萨（局部）十三身菩萨像，头戴珠冠，身披璎珞，上身袒露，下着裙裤，足踏莲花座。绘画轮廓细致，比例精准，造型优美，服饰华丽，是龟兹壁画的代表作之一。巨型垂幅基调背景采用统一的青绿与赭石红，巨型装置的色彩引导与形象体现，大面积的先声夺人的投射能让观展人在短时间内视觉感受瞬间投入至展览氛围中。

　　龟兹展馆中厅设计放置克孜尔石窟第38窟仿真洞窟，此石窟被德国人称此窟为伎乐窟，其中以伎乐壁画著称，绘画技法精湛，色彩绚丽异常。仿真石窟的置景式陈列设计让文物融入环境中，个体空间与之相处在大环境互相有所联系、呼应，呈现给观众的感官体验，壁画中人物富丽多姿、乐舞造型独特、乐器种类丰富，彼此交相辉映，观展者在这个空间内真正地不拘于作为"观看"文物的一种表达方式。在展中厅内同样设置交互式视频区域，循环播放龟兹壁画作品与相关文化背景，互动式视频观展者可根据自我选择欣赏内容。即使不靠近艺术作品，通过放大视频画面就能近距离高清的欣赏艺术作品。

　　多元化陈设能够增加观众的观展体验，调动观众与观众之间的互动，观众与展品充分交流，打破现实空间才能更好的实现沉浸式展览。

[1] 刘文涵 . 沉浸媒介下艺术展览的嬗变 [J]. 美与时代（上），2021(07):65-67.

三　应对疫情"龟兹石窟壁画艺术展"沉浸式观展联动云端再设计

"云展览"是文化生活中一个新兴的关键词。它是将海量数据依托在移动终端设备上进行瞬间传输，实现各个领域的储存、分析、共享等交联应用。云展览可以让你在一个展示空间中多方面、三维立体的展示展品、剖析展品，海量数据能让你对展品不断深入了解，通过互联网共享到关于某项展品的大量资料。云展览形式与沉浸式展览是密不可分的，两者都依托于网络和大数据为基础。"云展览"已成为博物馆发展的重要趋势。

疫情的出现打断博物馆传统文化的媒体传播方式，"云展览"以更加主动安全的传播形式出现。龟兹壁画艺术"云展览"再设计打破现实空间纬度，与观展者构建不限区域时空的链接。本次"云展览"联通展览、视频、云端宣教、游历系统四个方向，只要有网络便可体验整个龟兹艺术。

时下"云展览"可划分为三种主要核心型态模式。第一种是图片在线浏览模式。这是最为简单的"云展览"模式，成本低廉，便于实现，但与观众缺少互动，是一种单向输出的"云展览"模式；第二种是平面与立体结合型，运用专业相机将线下实体展览完整的拍摄记录下来，制作出虚拟的空间或观展动线，让观众进入三维立体的展厅空间进行参观。制作过程中可加入文物介绍，场景选择、分享、留言等功能；第三种是独立构建三维立体展厅型。它可以是对于实体展览的场景再现，也可以是对实体展览的再诠释，也可以是完全的一个新的独立的展览，通过线上数据分析，构建一个全新的空间。

龟兹壁画艺术"云展览"再设计展览部分可采用数据建模展示龟兹壁画石窟模型，还原壁画艺术，营造虚拟古丝绸之路空间，观展者宛如进入虚拟与现实世界的交织时空。云端没有场地限制，展厅能够承载无限的内容，在云端实现大量信息存储与输出。龟兹壁画艺术"云展览"，不仅于展品知识的互动，还包含情感感知、文化的交流。进入云端，观展者就是古代丝绸之路上的文化旅者，穿越时空而来。例如一幅克孜尔第17窟的菱格本生故事画，观展者能不断地探寻深入了解此艺术品，从龟兹独特的菱形结构图艺术形式，到每个菱形构图中的故事描绘，以及具体的人物形象和情节，都可以在云端找到答案。观展者穿越一系列震撼视觉的艺术空间，令人惊喜和兴奋的艺术场景体验，必定是一场难忘的沉浸式旅行。

龟兹壁画艺术"云展览"再设计采用结合全媒体传播模式，突破表达的局限。为了让观展者更好地走进展览，此次云端推出"龟兹壁画艺术展背后的故事"，以视频记录形式，让观展人从工作人员的视角去体验整个展览的制作诞生，使观展者沉浸融入展览，不仅观看、欣赏、还形成了一种参与感。云端数据也运用于交互式视频讲解，视频不再是线性单一，让观看者自行选择，加强观众现场互动，云端观展在观众参与的过程中根据选择不同的观展对象，将提供多种路线的互动模式，提高观众的主观能动性，云端展览应继续深耕其便捷性和场景化优势，探索云端观展的庞大数据与社交功能，优化观众在观展中的交流体验，"线上"与"线下"联动，观众从被动接收信息变为主动选择文物进行交流，每位观展的人都有一条属于自己的展览路线。

此次云端宣教为应对防控疫情提供了很好的危机解决方案，龟兹展览开展的"青联合璧，龟色宜人——版画制作"采用公众号预约制，线上直播展示教学，线下限流体验制作，创新性的采用线上线下联动方式，确保观众在不同平台都能感受到龟兹展览的乐趣和魅力。观众参与活动即是宣传者，沉浸式全媒体时代下，无处不在的传播媒介。云展览的宣传不依赖于前期预告、地推宣传、公众号传播、名人宣传效应。观展者在参与的过程中都始终在潜移默化传播信息，观展用户在线上教学云平台上的直播留言、线下参与活动留影、展览评价反馈等都是展览的宣传口。大数据后台在用户活动中就能实现获取观众喜好、文物热度、热门板块等数据，既安全有效，又能增强观众体验。

更新文旅护照游历系统结合沉浸式云端线上线下相互联动，大大提高护照游历系统的传播效应。"龟兹壁画艺术展"制作"沉浸式"网上龟兹古国丝绸之路寻宝游历体验。云端建立数据库小游戏，用户在手机上即可参与游历，云端所探之宝，在现实博物馆中打卡，即可完成任务。科技快速发展、科技文化已经融入生活，传统艺术已经很难激起人们的兴趣。结合年轻态的游戏架构模式不仅推动展览不同人群多元化发展，能让枯燥难懂的艺术作品变得更为生动。进一步引导网络观众参与到现实博物馆中，了解博物馆，帮助博物馆扩大自身影响力，获得更多观众，使博物馆脱离刻板形象，展现文物魅力与有趣又不失渊雅，拉近博物馆文物与市民生活的关系，滋养人文根脉、丰富群众生活。云端的引导辅助正好填补了文化落地的缺失，形成一个良性循环。

四　云时代下当代博物馆的意义

博物馆是人类历史文化保存比较集中的地方，对于艺术学者、学术研究者来说是非常宝贵具有巨大学习空间的地方。随着"大数据"时代的来临，博物馆文化内容被统称为"数据"。如今参观博物馆不是单纯指逛博物馆，还有"虚拟观展""沉浸式体验参观""网络直播参观""网上博物馆"，云展览等成为对实体参观的替代。文物不再远离人群，云端数据化展示模式下的博物馆既是一个公共空间，通过互联网世界上任何地方的人都可以访问，与此同时也是你个人的博物馆体系。你可以随时访问任何一家拥有云端展示的博物馆，收藏自己感兴趣的展品、探讨任何公开数据，在你的云端，它就是你的"私人藏品馆"。我们不得不承认，"云展览"的便捷性与互交平台确实是优势。云端大数据的平台打造随着大众日益提升的文化素养与经济、社会、文化事业的发展息息相关。我国的博物馆也是随着近现代变革的更新而创新，未来展览行业应顺应时代发展与受众新需求。线下展览以沉浸式体验为核心不断升级策展设备，进一步提升观展的真实感和投入感，积极探索过程中与观众的互动体验。云上展览完善博物馆资源库，利用大数据建立观展人自我意识空间，为无法亲自到博物馆参观的人在数据世界里提供最好的观展感受与想象。

如今疫情已经进入常态化阶段，博物馆沉浸式展览与云展览相结合的发展趋势势不可挡。数字技术的融入，推动博物馆多元化发展。但这些并不能代替我们对于展览未来模式的全部想象。策展人用发展的思维方式去做不同文化艺术领域的展示，结合互联网，以新的技术手段给观众带来的不仅仅是一场展览，更是一场对话，使观展者突破视角和思维，突破虚拟空间与物理空间。当代博物馆在新媒体环境和科学技术跟跌的时代，既保存着文化演变轨迹，又呈现未来开放的文化价值。

A brief discussion on the dissemination and design under the combination of immersive exhibition and "cloud exhibition" in museums in the post-epidemic era

——taking " Kucha Caves Mural Art Exhibition " as an example

Zhang Jiating, Qingpu Museum

Abstract: In the post-epidemic era, traditional exhibitions are no longer the only way for museums to display cultural relics, and the only way for the public to view exhibitions. Cloud exhibitions have become a new display method for museums. How to break through the traditional curatorial model to attract more audiences is the change and innovation faced by museum curators in the post-epidemic era. The article further attempts to explore and innovate to respond to the epidemic era by combining the immersive exhibition of the museum with the redesign of the "cloud exhibition" through the interpretation of the exhibition, to open a new communication channel between the museum and the public, and to help the museum to expand its influence. It preserves the trajectory of cultural evolution and presents the cultural value of future openness.

Key words: The post-epidemic era; Exhibition planning; Immersive; Cloud exhibition

科技助力博物馆展陈领域提升的创新路径

——以山西青铜博物馆"数字青铜"展厅为例

山西博物院　张　瑜

摘要：当今信息时代的博物馆，数字化多媒体技术及设备在博物馆展览陈列中的应用日益广泛和重要，并成为现代化博物馆的重要标志。科技的发展为博物馆的展陈提升带来了多维空间展示可能，虚拟现实、互动装置等不同科技手段的运用，突破了文物本身的单维度限制。通过多媒体的展陈方式能够更加深入且多方位地传递博物馆文物中所蕴涵的重要历史信息，对博物馆文化的挖掘和阐释，多手段、多形式实现文物到展品的多维度转化，将藏品的科学价值、历史价值、艺术价值以文化传承的态度为纽带逐一表征，努力实现"活"起来的藏品在博物馆展陈中大放异彩的目的。本文以山西青铜博物馆"数字青铜"展厅为依托，遴选较有代表性的数字展项作科技助力后博物馆数字化展陈领域的创新路径分享。

关键字：数字化多媒体　博物馆　展陈方式　青铜文化

习近平总书记指出，中华优秀传统文化是我们最深厚的文化软实力，也是中国特色社会主义植根的文化沃土，我们要结合新的时代条件传承和弘扬中华优秀传统文化，传承和弘扬中华美学精神。中国正处于一个新的时代，一个新的信息技术飞速发展的时代，其中数字化技术的不断更新，就带动了博物馆事业发展和创新。博物馆展示与教育职能也随着虚拟现实技术和物联网技术等新兴信息技术的融入，以网络化、信息化、智能化的发展方向为博物馆受众打开了一扇集知识性、科技性、趣味性、探索性为一体的博物馆数字化参观的体验大门。

一　以文物资源优势定位展览基调，传播青铜文化

有学者将博物馆比喻为城市会客厅，也有说是休闲的场所。传统意义上博物馆

展示、收藏、教育的三大功能已经远远不能诠释博物馆的定义了。有的学者甚至提出，博物馆不能确定为场馆，应该是无边界的博物馆。首都师范大学博物馆发展研究中心副主任范佳翎认为："科技手段助力博物馆展览，可以让大家更好地去接触文物、认识文物，这点是毋庸置疑的。"科技的发展为博物馆的展陈提升带来了多维空间展示可能，虚拟现实、互动装置等不同科技手段的运用，突破了文物本身的单维度限制，"博物馆＋高科技"让那些沉睡千年的古物"活"在了今人面前，也为越来越多的人们带来不一样的观展体验。去那些原本"去不了"的地方，看那些本来"看不到"的事物，这是新时代对博物馆和中华文化遗产展示工作的一次新的探索。尤其是后疫情时代，它启发我们，除了实物展示，沉浸式体验及线上互动展示等更符合现代传播规律，不仅带给人们非凡的历史文化体验、无时间空间限制的线上体验，更重要的是拉近并激活了博物馆在公众视野中的存在体验。

中国，礼仪之邦。"礼乐文明"与青铜文化相结合，成为中华文明的重要组成部分。山西地处中华文明发源的核心地域，丰富的青铜文物讲述了中华文明的故事。2019 年 7 月 27 日在三晋大地，一座序列完整、连贯的，集收藏、展示、研究、教育、休闲为一体的国内首家省级青铜专题博物馆正式向公众开馆迎客。山西青铜博物馆是山西省委、省政府提出的"整合省城重要文化设施建设，打造山西文化新高地，塑造山西文化新形象"的一项重要举措。山西青铜博物馆展示面积 1.1 万余平方米，展陈文物一千二百余件，除博物馆珍藏和多年考古发掘的出土文物外，更吸纳了山西省公安机关强力打击文物犯罪所追缴的众多文物，其时间横跨覆盖龙山时代晚期至汉代，囊括了所有已知青铜器的器形类别。青铜文化在我国文明发展的历史进程中，起着举足轻重的作用。山西地处古代中原文明圈，同时又与草原文明接壤，是全国出土青铜器较多的省份之一，并且有鲜明的地域特色和完整的文化发展脉络。这样一座序列完整且连贯的国内首家省级青铜专题博物馆，如何带动普通观众走进博物馆？如何调动参观积极性？如何欣赏青铜器？如何从晋系青铜器入手，进而对青铜器的艺术造型、中国青铜文明以及青铜时代方面，形成一个较为完整而全面的认知体系？如此生疏且专业性极强的内容需要借助有效的媒介扩大影响、实现文化的辐射。数字化多媒体技术在博物馆领域的介入，为我们在博物馆展陈中添砖加瓦，使文物大放异彩。多媒体技术具有针对性强、展现效果直观、内容翻新快等诸多优良特性，它将声音、文字、影像、特效等技术叠加融合，以全新的视角将专业性极强的青铜知识，有效地转化成大众喜闻乐见的形式呈现给公众。

在展项设计之初，我们以满足观众多元化的需求和开放性学习的需要，使参观者在博物馆体验一种全新寓教于乐的非正式学习行为的同时，博物馆的数字化交互设备也在满足了参观者需求之时，使其所蕴含的文化通过多渠道得到传播与传承。力争使每一个博物馆多媒体展项在有新颖立意点的同时，都可直观地展现出文物展品蕴含的历史底蕴和文化内涵，另一方面还可生动地将文物的故事以及历史背景更形象地演绎出来。将现代科技与传统技艺融为一体，动手体验和互动游戏相结合，让文物"活"起来，多感官体验青铜文化的魅力，真正实现文物当代价值的转化。

二 加强对青铜文化的挖掘和阐释，多维度实现文物到展项的转化

博物馆中的藏品多为考古出土，脱离了原初的语境，如何让藏品"活"起来，回到历史语境中，并将青铜主题文化建立起有效的古今链接，让公众了解藏品的科学价值、历史价值、艺术价值，达到青铜文化宣传及传承的目的，这是我们考虑的重点。

青铜文化在我国文明发展的历史进程中，起着举足轻重的作用。如何借力数字化多媒体技术手段让冰冷展柜中的青铜器"说话"；与青铜器有温度地"对话"；嫁接一座人与物交流的良性知识桥梁；多维度揭开青铜器的神秘面纱……

起初依托馆藏资源及博物馆设计大纲，精心挑选具有晋式代表性的青铜器物，提炼梳理其青铜器型、纹饰、铭文、制作工艺等诸多知识领域信息，并结合晋地青铜器深层次的礼乐文化等内容作为切入点，将山西青铜博物馆特设的"数字青铜"展厅划分设计为八个互动展项，运用多通道融合高清激光投影、全息投影、红外投影互动、人机交互等多媒体技术手段，实现展板立体化、实物场景一体化、模型动态化、手段科技化的博物馆展厅，借助科技手段解读并活化青铜文化。

（一）深化藏品研究，阐释深入浅出，把青铜文化的精神标识提炼并展示

山西历来就是东西南北文化交融的区域。在山西青铜器上也有极好的反映。山西青铜器不同于河南、陕西、湖北、湖南、鄂尔多斯诸省市的青铜文化，或反映一时，或反映一地，而在晋式青铜器的艺术风格上就能看出山西文化的多元面貌，既有中原典型青铜的庄严肃穆，同时又饱有艺术的灵活性。往往是中原与北方鄂尔多斯类型与南方楚文化青铜器风格的融合，形成了有别于河南商王朝、陕西西周王朝的典型青铜文化。从一个侧面也与"启以夏政，疆以戎索"的晋国立国路线是相吻合的。

青铜器作为宗庙礼器，古代君王建立了严密的礼乐制度。青铜器作为礼乐制度的重要载体，在祭祀、战争、宴享、朝聘、婚冠、丧葬等各个方面确立的规范和秩序，并根据青铜器材质、形态、装饰、铭文和组合方式的差异，呈现出不同的身份等级和价值取向。例如在《春秋公羊传注疏》中，曾这样记载："天子九鼎，诸侯七，卿大夫五，元士三也。"但在传统的博物馆陈列当中，基本以器型展示为主，展板文字解读知识为辅，展陈形式较平面化，历史背景及故事情景的诠释有待融入。

如何突破传统的展览陈列方式，打破二维的展示手段，以全新的视觉化手段解读并诠释晋式青铜文化及晋侯时期的礼乐文化成为当前的一项内容。

以"数字青铜"展厅的"晋地正音"展项为例：

开辟封闭式的沉浸空间，以历史剧幕的形式为依托，借用全息投影技术打造大型沉浸式古代晋风乐舞盛宴。旨向公众展示西周时期晋地青铜器的器型及用途，戏剧式地演绎青铜器与中国礼乐、礼制的文化关系。根据青铜器的自身属性，设计数字化剧目以"礼乐晋邦"为叙述主题，分"敬天法祖"和"钟鸣鼎食"两幕演绎。

第一幕："敬天法祖"

场景：祭祀；季节：夏季。

呈现人物角色：晋侯、晋大夫、大宗伯、戎狄朝臣、宫人等。

主要道具：尊、鼎、簋等祭祀青铜器。

槱燎祀：祭祀对象—司中、司命、风师、雨师。风师、雨师，指箕星、毕星，能兴风雨。槱燎祀的操作方式也是升烟以祭。

故事脚本：庄严、辉宏的礼乐之声响起，舞台大幕徐徐打开，烈日当空。映入观众眼帘的是一座薪柴堆砌的祭祀台，侧幕上晋国旗帜一路排开，在风中猎猎飘扬。祭祀的礼官大宗伯，出现在祭台上，以肢体动作表现其祭祀活动。晋侯出现，只见他身穿华服，佩戴组配，发出有韵律的叮当声。晋侯神情肃穆，祷告祭祀。晋国大夫们紧随其后，祷告。身穿少数民族服装的戎狄依附国的朝臣也前来助祭。所有参加祭祀人等祷告完毕。大宗伯一声令下，宫人点燃了薪柴堆砌的祭台。熊熊烈火燃烧，浓烟升腾而起，天空被火光映射的分外艳红。

祭祀仿佛感动了上苍，忽然风云变幻，烈日当空瞬间变成了阴云密布。一道闪电划破天空，伴随着滚滚雷声，大雨倾盆。众人欣喜不已。大宗伯手舞足蹈之间触碰到的雨水四散溅开。在水和人的交互中，该章节达到最高潮。最后，全部人物定格，章节完。（图1）

图1　数字展项"晋地正音"第一幕"敬天法祖"演绎场景

第二幕："钟鸣鼎食"

场景：宫殿；季节：秋季。

呈现人物角色：晋侯、群臣、宫人、女舞者、司乐等。

主要道具：编钟、编磬、爵、盘、盉等青铜乐器及食器。

故事脚本：背景从庄严恢宏的祭祀仪式一下子转变成富丽堂皇的宫殿。殿内晋侯坐于中央，群臣分列下首，一旁有编钟、边磬、笙等乐器，在乐师的演奏下发出悦耳动听的音乐，烘托宴会气氛，一场宫廷盛大的夜宴开始。

晋侯举起酒樽，群臣附和，一同举樽，一众人等同饮此杯，待酒喝完，晋侯挥手示意，音乐停止，一旁宫人躬身应诺，击掌。随着击掌完毕，一名女舞者走上台来，摆出优雅婀娜的舞姿。乐师再次演奏，旋律典雅而不失奔放。舞者挥舞衣袖，手中长袖抛出，挥动，或画圈、或挑、或甩，宛如芙蓉出水，煞是好看。

舞者闻乐而舞，随即一化二，二化四，越化越多，舞台上，侧幕上映衬出她们曼妙的身影。音乐推上更高一层，时空和视角再次变化。舞者们摆出一组组不同的婀娜造型，相互组合，呈现出不同的图案纹饰。时而像一簇簇鲜花，花瓣与枝叶组合出多重几何造型；时而又像青铜器上的纹饰，交相辉映，忽隐忽现、惟妙惟肖。宛若沉浸于"花"与"纹案"的海洋之中。

霎那间，一切"花"的世界幻化为一片片花瓣飘落于视界。只留下台上原本那一名舞者，还是那起手挥袖的姿态。音乐奏响最后一个音符，久久回荡……（图2）

图2　数字展项"晋地正音"第二幕"钟鸣鼎食"演绎场景

在"晋地正音"展项中运用了时下较成熟的高清激光投影、全息等身虚拟影像技术，并结合舞蹈、DTS音效、音乐、灯光、场景等手段。在视频编纂设计中注重展品的组合展示与主次把握，强调空间布局的节奏感，提升360度沉浸式体验。复原式展示，既呈现了文物的原始概况，还将其所处时代的历史语境有效地传递出来，观众可以徜徉其中从容参观，仔细品读西周时期，尤其是晋地一带的动人风貌。

不难看出，整个演绎剧幕首先以时间为经，以不同的历史场景活动为纬，将故事内容分祭祀和乐舞两部分展示特定时期的晋式风貌，并穿插展示了不同青铜器的功用及摆放礼制，通过"幻影成像"技术演绎青铜器的发展轨迹、历史文化发展及繁荣的时代背景及过程。"等身幻影成像"是一种视像技术，具有强烈的纵深感，真假难辨，其优点在于成像方式新颖逼真、视觉效果强烈、影像三维立体感强，可绘声绘色地演示故事的发展脉络。观影时会感知悬浮在空中的影像近在眼前，犹如穿越置身于此景，给人以伸手可及的感觉；有时又会将人的视觉带到纵深的大环境，忽远忽近，忽明忽暗，变幻莫测，通过场景复原及故事化演绎晋地故事，同时将青铜器的功用穿插在剧情当中，视觉效果悦目，故事情景架构完整，观众将从这场视觉盛宴轻松感受相关历史内容。

　　通过"数字青铜"观众互动展项调查问卷显示分析，"晋地正音"在"数字青铜"展厅八个展项中，以观众期待值与认可值名列前茅。留言显示它以现代科技打造数字化、沉浸式观展模式，鲜活展示晋地一代的历史文化，以寓教于乐的形式解读青铜器，犹如活化的历史课本，吸引了众多观众的主动复观，尤其成为青少年朋友喜爱的打卡空间。

（二）注重文化基因同当代文化及社会相结合

　　以展项"水陆攻战"为例：

　　文物展品水陆攻战纹铜钫，已有资料包括文物照片、考古发掘照片、器物绘图、视频等，可进行创作的手段有动画、交互体验、配乐、音效等，还可模拟文物的道具及塑膜等。努力调动视、听、触、感多种感官轻松而有效地获得文物信息，基于信息技术及文博跨领域知识的策划、设计及实施能力，通过场景营造、辅陈展板、文物拓片和线图等方式将青铜器和历史典故、历史事件串联起来，形成密集的知识

图3　数字展项"水陆攻战"动态化演绎青铜器制作流程

点，可增强展项的趣味性、可读性、带入感，拉近了文物与公众的距离，把跨越时空、富有永恒魅力、具有当代价值的文化精神提炼出来，达到文化传承的目的。

本展项借助馆藏青铜器"水陆攻战纹铜钫"为素模载体，多维数字空间演绎青铜器的制作工艺流程。提炼布满铜钫器身的水陆攻战纹饰，融入攻战故事情节设计，以时间序列动态化演绎水陆攻战大型场景及青铜器制范、脱模、浇铸等各个环节。时间更迭，亦古亦今，将现代化数字科技与古代青铜制作工艺完美碰撞，使文物"动"起来、"活"起来，在寓教于乐中感受青铜文化，在阅古暮今中调动感官享受。（图3）

以展项"鉴影度形"为例：

多媒体技术手段的丰富，使之资源挖掘的深入和呈现方式更加多样。它并不是固定形态的作品，而是因公众的参与而形成因人而异的创作过程，从而被赋予新的意义，即创造了新的内容。

本展项借助体感互动形式，在等比放大的青铜水器铜鉴内部进行多维交互体验。游戏主角为提炼铜鉴器壁雕刻的鱼、龟、鸟、蛇等动物纹饰为依托进行 3D 复原，并结合器物实际功用，将中国传统文化的诗情画意作为游戏故事的主旋律，画面设计极具复古中国风，虚实结合，在交互中体味青铜文化所散发的华彩，感受中国传统文化所蕴含的无穷智慧。（图4）

此铜鉴的艺术化展示中，首先做到了内容与形式兼具，脱离了形式，此铜鉴内容难以突出表达其意境。其次做到了交互，这与把一大段文物释义喷在展板上是完

图4 数字展项"鉴影度形"动态化演绎青铜鉴器壁纹饰

全不同的，展品与公众是共同创作的过程，当展品呈现于公众的面前，不是创作的完结，而是正式的开始，知识内容和思想认知是在公众参与和体验的过程中逐步呈现出来的。在交互的过程中不仅不会吞没理解，反而是拓展知识的延续。最后做到了实时性。因其内容并非固定的、有限的，而是不重复的。当铜鉴没有公众交互行为时，界面上只有一两条鱼伴着花瓣呈雅致状态。随着公众交互的增加，画面上的鱼与龟也逐渐增多，追逐嬉戏使水面时而泛起波纹，当公众划动水面捉蛇时，随之一只大鸟出现，衔蛇游走，随即一副鸟衔蛇图案印封于器壁，当公众陆续将鸟衔蛇图案满壁显示，画面也逐渐安静下来，一只只、一条条消失于画面中。白昼交替渲染的场景，随公众交互人数、介入时间及交互手速而诠释出不同展示效果。

（三）沉浸式、重体验的展览模式，多维度展现青铜文明

以展项"时空走廊"为例：

开辟沉浸式体验空间，观众移步置身于两侧 LED 屏幕走廊，仿佛穿越时空，徜徉于历史的长河，伸手隐约会触碰到画面中飘落的族徽、铭文、青铜纹饰，随即泛出道道涟漪，或消失或散开或更迭，将灵动的青铜元素交织成一幅美轮美奂的奇妙景象，深邃悠远，使观众沉浸于不一样的青铜艺术世界。例如："子孙永宝用"这句西周青铜器铭文中最常见的用语，出现在西周康王时期，寄托着器物能够永世流传，后世子孙能够铭记和珍爱祖先功德与荣耀的美好期待，是商周时期人们追求"不朽"历史意识的体现，而青铜器坚实厚重的特性，更使其成为承载这种历史意识的最佳载体，在商周青铜铭文中虽未明确回答何为"不朽"的问题，但这些具有

图 5　数字展项"时空走廊"沉浸式体验青铜元素交织呈现出的奇妙景象

重要科学和艺术价值的青铜器，就是我们感受祖先风貌、传承中华文明的"不朽"物证。将青铜器上的族徽、铭文、纹饰提取作为展示元素，也是我们对传统文化的礼拜与敬仰。（图5）

三　创新展览理念，信息技术引领文化传播

文化与艺术交融辉映，青铜文明之光在中华文明的历史长河中更显绚烂夺目。博物馆与光影艺术的创新性互融就是一台文化与科技融合的视觉盛宴。"沉浸式"这个词已经成为文化消费的主题，沉浸式的技术与体验，已经成为当今时代消费人群的一种非常向往的消费方式。随着数字化多媒体时代的迅猛发展，掀起的东风势头，需要我们博物馆策展人抓住机遇，积极寻求博物馆策划、技术、内容及人才更多环节的创新，实现有序的发展与创新路径，因地制宜在博物馆信息化时代的大环境中，实现更充实合理的资源配置。在给予观众强烈视觉、补给知识内容的前提下，如何利用多媒体技术将博物馆教育浸透在大规模的仓储式陈列中，给予重点展品以欣赏空间，传递出更多价值明确的信息，使观众将情感投注于展览，调动视觉、听觉、触觉等感官享受，潜移默化汲取中华悠久历史文化传承的营养，仍是博物馆人需要进一步考虑的问题。

在当今后疫情时代，文化消费正处于恢复阶段，展览将成为城市文化消费新地标。新时代的文博事业担负着如何保护和传承中华优秀传统文化的神圣使命。我们要充分利用文物资源优势，发掘文物内涵，创新展览理念和展陈方式，灵活运用数字化多媒体技术，发挥科技、新媒体等传播渠道优势，以展览的辐射力引领、带动、促进博物馆事业的高质量发展，为中华优秀传统文化的传承贡献力量。

在博物馆发展的今天，作为一名文博策展人和文物保护工作者，虽然看到青铜器在历经岁月磨砺之后，会泛出层层青绿色铜锈，但希望可以通过科技助力博物馆展陈领域，提升数字化多媒体展项的巧妙构思设计，使饱含历史积淀的青铜文物可以在今天博物馆灯光的照耀及数字化的演绎下，依旧闪耀光彩、熠熠生辉，在博物馆展陈中大放异彩。

Science and technology help museums show innovative ways to improve the field

——A case study of digital Bronze Exhibition Hall in Shanxi Bronze Museum

Zhang Yu, Shanxi Museum

Abstract: In the information age of museums, digital multimedia technology and equipment are increasingly widely and important in the application of museum exhibitions, and become an important symbol of modern museums. The development of science and technology has brought a lot of multi-dimensional exhibition possibilities for museum exhibition. The application of different scientific and technological means, such as virtual reality and interactive devices, has broken through the single-dimensional limitation of cultural relics themselves. Through multimedia ZhanChen way can more in-depth and multi-azimuth passed an important historical information contained in the museum of cultural relics, and interpretation of museum culture mining, means and forms of cultural relics to exhibit the multi-dimensional transformation, is a collection of scientific value, historical value, artistic value with the attitude of cultural heritage as the link one by one, characterization, strive to achieve the "live" up of the collection in the museum exhibition of the purpose of shine. Based on the digital Bronze exhibition hall of Shanxi Bronze Museum, this paper selects representative digital exhibition items to share innovative paths in the field of digital exhibition of the museum with the help of science and technology.

Key words: Digital multimedia; The museum; Presentation mode; Bronze culture

浅谈后疫情时代博物馆社会服务新方式

——以无锡博物院为例

无锡博物院　　陈梦娇

摘要： 2020 年初新冠肺炎疫情爆发，国内各博物馆纷纷闭馆，并响应国家文物局号召推出在线展览、网络直播等云传播活动，缓解公众的恐慌情绪，满足居家防疫公众的精神文化需求。博物馆恢复开放后，这些活动得到了延续和发展。本文以无锡博物院为例，分析该院在疫情期间推出的掌上云观博、在线虚拟展览、线上社教活动等社会服务活动及其产生的重要影响，探讨后疫情时代博物馆社会服务活动加强公共卫生安全意识、提高数字技术水平、优化网络直播内容、多平台跨界融合等发展新思路，进一步提升博物馆社会服务能力和水平。

关键词： 后疫情时代　博物馆　社会服务　无锡博物院

2020 年春节前夕，新冠肺炎疫情爆发，为控制疫情、防止人员聚集，保证人民群众生命安全，无锡博物院于 2020 年 1 月 24 日宣布闭馆，同时响应国家文物局号召，在闭馆期间推出云观展、在线微课、网络直播等云传播活动，满足居家防疫公众云游博物馆的需求。2020 年 3 月 17 日，无锡博物院恢复开放，闭馆期间推出的云传播活动仍在继续，并得到了延伸和发展，为今后博物馆社会服务活动的发展提供了新思路。

一　疫情期间的社会服务活动

（一）掌上云观博

2020 年 2 月，无锡博物院微信公众号平台陆续推出三条掌上云观博攻略，足不出户的公众阅读后可知，通过无锡博物院官网、无锡博物院微信公众号、无锡博物院智能导览 APP 三个渠道，可以全景"云游"博物馆，在线收听馆藏精品语音讲解，"把玩" 3D 立体展示藏品，探索锡博之妙。2020 年 7 月，掌上云观博平台又添新成员，公众可以在支付宝、无锡全域游两个平台上浏览重点展品信息。（表一）

表一 无锡博物院掌上云观博方式

发文时间	微信推文标题	云观博平台	使用方式
2020 年 2 月	等候春暖花开时 掌上锡博与你同在	无锡博物院微信公众号	无锡博物院微信公众号→左下角"我的锡博"→云观博
2020 年 2 月	无锡博物院 APP 在线观展攻略	无锡博物院智能导览 APP	无锡博物院智能导览 APP→首页"锡博"→展览
2020 年 2 月	掌上锡博｜无锡博物院官网观展攻略	无锡博物院官网	无锡博物院官网→上方"展览"→虚拟展览
2020 年 7 月	掌上锡博又添新成员	支付宝	支付宝→主页搜索"云观博"或"云观博 AR 博物馆"→无锡博物院
		无锡全域旅游	扫描二维码

（二）在线虚拟展览

疫情期间，公众足不出户，但是博物馆的各项展览仍颇受欢迎。因此，在国家文物局的领导下，文博机构纷纷采用先进的数字技术，推出各种形式的"云展览"，丰富群众在特殊时期的精神文化生活。2020 年至 2021 年，无锡博物院推"陈"出"新"，"得天之清——无锡艺兰文化展""云心石面——上海博物馆、无锡博物院藏明清文人篆刻特展""大元处士——吴越王后裔钱裕的故事"以云展览的形式重新上线。这三个云展览皆为全景虚拟展览，观众漫步其中，可以将展览细节尽收眼底，有着身临其境的观展体验，深受大家喜爱。"得天之清——无锡艺兰文化展"在有全景虚拟展览的前提下，还增设了一个由文字、图片组成的在线展览，里面不仅有实体展览的内容，还加入了与展览配套的相关社教活动图文，内容更加丰富多彩。

（三）线上社教活动

无锡博物院的社教活动形式多样，内容丰富，深受市民喜爱，然而因为疫情原因，几次被迫中止。为此，无锡博物院推出在线研学、云课堂、网络直播、在线答题等线上社教活动，不间断地给社会公众普及科学文化知识。

1. 在线研学和云课堂

2020 年 2 月起，无锡博物院在微信、微博、官网等网络平台上，发布"百花识吟"系列、"玉文化学习"系列、"生命探索"系列等在线研学课程，通过图片、文字等形式向公众传播文博、艺术、科学等方面的知识，内容通俗易懂，生动有趣。2021 年 8 月，无锡博物院全新推出"吴地文明"系列云课堂，云课堂比在线研学的内容更加丰富，它以院藏精品为对象，精心设计课程内容，在文字和图片的基础上加入语音讲解、知识点提炼、微信小游戏，让公众学习娱乐两不误，轻松掌握文博知识。

2. 网络直播

近几年，国内网络直播平台发展迅速，直播活动丰富多彩，颇受网友欢迎。在疫情防控期间，直播平台更是成为了博物馆开展线上文化服务的重要阵地，文博工作者们化身为网络主播，向网友讲述博物馆里的精彩故事。

2020年2月28日，无锡博物院首次尝试直播讲解文物，由院内金牌讲解员讲解倪瓒《苔痕树影图》，获赞1.8万次。同年的5月23日，无锡博物院的大型公益性讲座栏目——"锡博讲坛"也推出直播首秀，苏州大学教授张朋川老师作客抖音直播间，为观众朋友们讲述《风情万种的中国古代泥塑》，在直播过程中，观众反响热烈，纷纷点赞留言。2021年2月，无锡博物院党总书记肖炜走进直播间，带领观众云游锡博新展"大元处士——吴越王后裔钱裕的故事"，18分钟的讲解吸引了32.9万人次观看。同月，无锡博物院还给观众同步直播锡博馆藏精品"春水玉带扣"的展厅实景教学，社教员用简单明了的方式给大家讲述春水玉带扣的制作工艺和历史文化，直播当日近36万人次观看，无锡博物院收获了大量粉丝。

3. 抗疫特色活动

疫情期间，无锡博物院非常关注国内疫情发展情况，2020年1月至3月，官方微博发布疫情防控相关消息三十余篇，并开展了一系列抗疫特色活动。例如，无锡博物院邀请公众积极参与新冠肺炎知识有奖竞答活动，普及疫情防控知识。参加了"文物系荆楚，祝福颂祖国"的祝福接力活动，在线发布并制作清代杨芝山款"西园雅集图"核雕和春秋吴王僚剑的海报传递祝福。这两件文物分别有"硬核"抗疫和王者之剑，出鞘必胜的寓意，无锡博物院借此祝愿全国早日战胜疫情。

二 社会服务活动的影响

（一）充分实现"以人为中心"的服务理念

以前的博物馆是坚持以藏品为中心的，围绕藏品开展征集、保存、展览、科研等工作，博物馆的形象是高冷的、严肃的。近年来，随着社会经济的高速发展，博物馆的服务理念开始转向以人为中心，努力推出公众喜闻乐见的文化盛宴。疫情期间，无锡博物院从服务公众的角度出发，推出云观博、在线虚拟展览、云课堂、网络直播等社会服务新形式，让无锡博物院领导、金牌讲解员、讲座专家在线讲述展览、藏品背后鲜为人知的故事，实现与观众的双向互动，缩短两者之间的沟通距离，使博物院加快走出"象牙塔"，进一步打造博物院亲切友好的形象，充分实现以人为中心的服务理念。

（二）拓宽服务路径，提升自身知名度

在很长一段时间内，博物馆的社会服务活动局限于实体空间，公众无论是观看新展、研究藏品还是参加讲座都只能亲自来博物馆，受到时间和空间的双重限制。然而，无锡博物院却打破了这些限制，进一步拓宽了社会服务路径。它充分利用了馆藏资源，借助官网、微信公众号、掌上锡博 APP 等平台，通过文字、图片、语音、视频的组合，提供在线虚拟展览、云课堂、网络直播等社会服务活动，让公众在家也能浏览海量馆藏精品，畅享锡博讲坛、云课堂等线上教育资源。

无锡博物院的社会服务新方式取得了显著的成效，以往线下讲座听众人次不超过 200 人，采取网络直播的手段后，听众人次迅速攀升，甚至每场人次超过 50 万，线上虚拟展览一年点击次数也超过 20 万。无锡博物院在热搜百强博物馆中的排名也从 2020 年第 1 季中的第 37 名，提高至 2021 年第 3 季中的第 13 名。2021 年 11 月，云展览"得天之清——无锡艺兰文化展"和"吴地文明"系列云课堂之"春水玉带扣"双双荣获"全国文化遗产云传播十佳项目"称号，这是无锡博物院在云传播方面首次获得的国家级荣誉，极大地提高了自身的知名度。

（三）推动博物馆数字化建设

从 2018 年开始，无锡博物院就非常重视数字博物馆的建设，但还是把更多精力放在实体展览和线下社教活动上。然而新冠疫情袭来，博物馆只能闭门谢客，这时候云展览、直播、云课堂等云传播活动成为了最重要的新业务。云传播活动能否顺利展开依赖于博物馆自身数字化建设水平的高低，如果数字化平台建设和数字化资源储备不充分，那云传播活动的效果就会大打折扣。因此，云传播活动是博物馆数字化建设的催化剂，它让信息技术与博物馆结合的愈加紧密，加快盘活馆藏数据资源[1]。

无锡博物院在疫情期间将院藏 3 万余件藏品全部上线，加快建设官网、微信公众号、APP 等云观博平台，云传播活动取得了良好的社会效益，博物馆数字化建设再上新台阶。2021 年，无锡博物院对一楼大厅进行改造，在大厅墙上安装了一块精品文物显示屏，观众可以在屏幕上选择自己喜爱的藏品，通过点击、放大等操作全方位欣赏藏品细节。

---

[1] 金彩霞. 对新形势下博物馆云展示的探索思考 [J]. 文化科技，2020(26):7.

三 后疫情时代社会服务发展新思路

（一）加强公共卫生安全意识，做好疫情常态化防控工作

博物馆是传播历史文化知识的公共文化服务机构，参观人员众多，尤其是实行免费开放后，人流量剧增，这对博物馆的公共卫生安全工作提出了巨大挑战。新冠肺炎疫情的发生对博物馆的公共卫生安全工作提出了更高的要求，博物馆提升公共卫生安全意识迫在眉睫。2020年3月起，博物馆陆续恢复对外开放，在恢复开放的同时发布了参观须知，要求观众来参观前要先网上预约，到馆后必须出示健康码，并佩戴口罩，测量体温，参观时人与人之间保持安全距离。同时，博物馆内部也做好消杀工作，定时在展厅、电梯、办公区等区域清洁消毒。

国内外新冠肺炎疫情形式复杂，在很长一段时间内我们都要和新冠病毒共存，因此上述博物馆疫情防控工作并不是一时的，而是常态化的，需要根据疫情的发展而不断调整。因此，博物馆要做好口罩、消毒液等防疫物资的储备，提高公共卫生安全意识，以防公共卫生安全事件突发。无锡博物院一直密切关注新冠肺炎疫情发展趋势，坚持做好消杀等疫情防控工作，及时调整博物院开放措施，2020年3月至2021年11月，发布的疫情防控相关开放公告超过5条。

（二）提高数字技术水平，丰富线上展览内容

目前博物馆的线上展览以虚拟全景展览为主，观众根据设定的观展路线，采用鼠标点击的方式进行浏览，浏览的过程会出现网络卡顿，或者是场景转动过快导致观众出现眩晕的情况，这些都极大地影响了观众的观展体验。因此要不断提高网络信息技术水平，在保证网络顺畅的同时避免眩晕感的产生。中国国家博物馆推出的"归来——意大利返还中国流失文物展"虚拟展览就是一个值得学习的榜样。它的场景在转换时流畅舒缓，不会让人产生头昏眼花的感觉[1]。另外，部分博物馆的线上展览只是图片和文字的排列组合，非常简单和粗糙，完全没有发挥出云展览的作用。这类博物馆应抓住数字技术发展关键，尽快优化VR、AR、5G等信息技术，增强观众在云观展时的视觉、听觉、触觉等感官体验。

线上展览不能代替实体展览，因为观众参观实体展览时的场景感和代入感是不可取代的，因此线上展览不能是实体展览的简单复制，它应该是实体展览的扩充和延伸，可以通过数字技术向观众呈现实体展览中看不到的内容，如展品细节、文物

---

[1] 梅海涛，段勇. 质与量——新冠肺炎疫情背景下博物馆"云展览"观察 [J]. 中国博物馆，2020(3):34.

故事等，并将文创、互动游戏、观众留言等模块融合其中。线上展览也可以尝试不依附于实体展览而独立存在，如中国国家博物馆与中国空间技术研究院在 2020 年中国航天日推出的"永远的东方红——纪念'东方红一号'卫星成功发射五十周年"云展览，这个展览没有实体，完全存在于虚拟世界，是高水平数字技术的体现 [1]。

（三）优化网络直播内容，提高主播综合素质

在后疫情时代，网络直播仍然是博物馆最受欢迎的社会服务方式之一。虽然直播给博物馆吸引了不少流量，但仍然存在着一些局限性。博物馆的网络直播目前更偏向于单方面的知识传输，主播与听众之间的交流互动与线下讲座相比有不小的差距，且直播内容同质化，这些都会导致观众在直播间的驻留时间减少，影响直播粉丝数量。

为增加影响直播粉丝数量，打造博物馆自身专属的网络直播品牌，博物馆应优化网络直播内容。博物馆在选择直播主题时，既要与本馆的馆藏资源特色相结合，又要考虑当今社会的热点，做好前期调研工作，选取观众有兴趣的话题，直播内容既不能泛娱乐化，也不能过于高深而导致曲高和寡。2020 年直播的"2019 年度全国十大考古新发现"就是一场成功网络直播，直播内容优质，有专业性，也不过于娱乐化，观看总人次超过 4000 万。博物馆直播时也要关注观众留言并适时回复，如果直播时间过长，可以在中间穿插提问、抽奖等互动环节，活跃直播间气氛。

主播的综合素质也影响着网络直播的质量。在直播过程中主播需要讲解藏品、展览等内容并进行拓展，传播博物馆特色历史文化，这需要主播有一定的专业背景和知识储备。同时，在讲解过程中，主播还要有敏锐的洞察力，知道观众兴趣所在，有着强大的控场能力，把握直播节奏。因此，提高主播的综合素质刻不容缓。主播要加强专业知识的积累，把艰深晦涩的专业知识进行科普转化，让观众感兴趣、听得懂；向西安碑林博物馆网红讲解员白雪松等优秀主播学习，与观众互动，增强控场能力，提高直播讲解水平。

（四）多平台跨界融合，发挥线上线下联动作用

跨界融合在博物馆界并不鲜见，疫情期间博物馆推出的各项云传播活动都有跨界融合的影子，如南京博物院等 8 家博物馆在抖音平台上推出的"在家云游博物馆"直播活动，这不仅整合了多个博物馆的馆藏资源，还跨界与抖音直播平台合作，让驻足在家的观众享用了一顿文化大餐，社会反响极佳 [2]。在后疫情时代，博物馆应

[1] 马丽，余晓洁.博物馆云端智慧传播初探——以中国国家博物馆实践为例 [J]. 博物院，2021(2):43.

[2] 王海彬.网上博物馆不只是"疫情之需" [J]. 文物鉴定与鉴赏，2020(18):114.

该更积极地与社会机构合作，加快跨界融合的脚步，借助先进的数字技术，开放共享馆藏资源，推广本馆文化。无锡博物院"锡博讲坛"公益讲座栏目一开始在抖音平台直播，每场讲座观看人次不足 1000 人。2021 年，锡博讲坛深化与直播平台的合作，在抖音、微信视频号、新华云三个直播平台同步直播，观看人次急速增加，每场人次高达数十万，实现了质的飞跃。无锡博物院还与无锡日报报业集团联合推出"我为锡博代言"短视频大赛，大赛期间全网播放量突破 1130 万次，大赛获得无锡市第八届网络文化季优胜项目奖，使无锡博物院独特的文化品格深入人心。

博物馆恢复对外开放后，线下活动开始复苏，闭馆期间的云传播活动也未停止，二者应相辅相成，紧密结合，发挥线上线下联动作用，为博物馆的社会服务活动注入新活力。2020 年 5 月 18 日，锡博志愿者团队十周年荣耀晚会在无锡博物院隆重举行，无锡博物院与无锡 FM92.6 梁溪之声广播合作进行现场直播，线上线下数万观众共享盛会。这个举措不仅让无锡博物院志愿者团队声名远扬，吸引更多成员加入，还彰显了无锡博物院的创新发展理念，提高了锡博品牌的知名度和美誉度。

四 结语

2016 年，国家出台《"互联网＋中华文明"三年行动计划》，鼓励大中小博物馆加强建设数字化博物馆，共享优质文物资源[1]。所以，云观博、线上展览、网络直播、在线微课等社会服务新方式应运而生，虽然是在新冠肺炎疫情的催化下发生发展的，但同时也是国家政策下博物馆数字化建设的必然产物。它们节约了公众参观博物馆的时间成本和经济成本，满足了公众居家逛博物馆的需求。在后疫情时代，博物馆应该坚持发展这些社会服务新方式，主动与传统的公共文化服务方式相结合，加大经费投入，加强人员培训，引进 5G、人工智能等高新技术，跨界与多平台合作，高速开发馆藏资源，丰富博物馆传播历史文化知识的手段，为人民群众提供多元化的文化服务。

参考文献

[1] 金荣莹 . 基于新冠肺炎疫情的应急科普——以北京自然博物馆为例 [J]. 科技智囊，2021(2):48-49.

[2] 黄鹤 . 疫情下博物馆开辟建设新思路分析 [J]. 文物鉴定与鉴赏，2020(12):115-116.

[3] 沈辰 . 新冠疫情下的博物馆：困境与对策 [J]. 东南文化，2021(2):7-8.

---

[1] 沈罗兰 . 关于博物馆疫后创新发展的建议 [J]. 大众标准化，2020(16):71.

[4] 唐先华 . 新冠肺炎疫情期间博物馆展览管理实践——以上海自然博物馆为例 [J]. 学会，2020(9):57-59.

[5] 刘雁冰 . 疫情下云展览的机遇和挑战 [J]. 美与时代（城市版），2021(3):89.

A brief analysis on new social service modes of museums in post-epidemic era

—— Taking Wuxi Museum as an Example

Chen Mengjiao, Wuxi Museum

Abstract：With the outbreak of COVID-19 in early 2020, museums in China temporary suspended their services one after another, and responded to the call of the state Bureau of Cultural Relics to introduce cloud transmission, such as online exhibitions and network live broadcasts to ease the public's panic and meet the spiritual and cultural needs of the public at home. These innovative activities have been continued and developed since museums restarted their offline services. The Wuxi Museum serves as the basis for this analysis of social service activities and their effects, such as online visiting, online virtual exhibition and online social education activities. It also discusses new development ideas for museum social service activities in the post-epidemic era, such as enhancing public health and safety awareness, advancing digital technology, optimizing online live broadcast content, and integrating cross-border multi-platforms, which further improve the social service capability and level of the museum.

Key words：Post-epidemic era; Museum; Social service; Wuxi Museum

内外兼修　化危为机

——后疫情时代的行业博物馆公共服务新模式探索

上海中国航海博物馆　康丹华

摘要： 2020 年新冠疫情的爆发，在全球范围内产生了深远的影响，社会各行业都受到了前所未有的危机和挑战。行业类博物馆作为特殊的博物馆类型之一，具有记录行业发展情况的内生性功能。在疫情爆发及持续发酵的背景下，行业类博物馆面临着全新课题，即如何改变自身服务模式以适应特殊情况从而进一步发挥内生功能。文章以上海中国航海博物馆为例，探究行业类博物馆在后疫情时代高质量发展的有效路径。

关键词： 行业博物馆　后疫情　公共服务　新模式

2020 年，新冠疫情爆发并持续至今，作为全球范围内自二战以来最严重的社会、文化、经济和健康挑战，疫情同样给包括博物馆在内的所有公共文化机构带来巨大影响，无论是开放运营、业务布局还是自身财务状况乃至社会心理等现实和潜在的的方面都危机四伏。据联合国教科文组织 2021 年 4 月的报告显示，"2020 年全球博物馆平均闭馆 155 天，2021 年以来很多博物馆不得不再次关闭，2021 年所调查的博物馆参观量比 2019 年下降 70%，2021 年以来所调查的博物馆收入减少 40%-60%，2021 年以来博物馆公共财政收入大幅削减波及近 50% 的被调查的博物馆，有的公共经费削减 40%"。

但疫情的爆发也使得博物馆得到了全社会前所未有的关注。据 ICOM 统计，2020 年仅仅 5 月 18 日当天活动在社交媒体上的用户就超过了 8500 万；2021 年国际博物馆日主题原本为"博物馆：激发未来"，是 2018 年由 ICOM 咨询委员会在其年度大会上通过投票决定的。疫情爆发后，ICOM 决定将 2021 年主题改为："博物馆的未来：恢复与重塑"。在此背景下，该主题的关注度比以往任何一届都要高。不仅如此，对博物馆的关注方从博物馆本身扩展到了政府部门、文化艺术届、社会公众乃至相关产业和媒体，表明博物馆的社会融合度也在史无前例地增强。疫情并没有打击社会对博物馆的关注度，反而加速了社会对博物馆的认可，特别是行业类博物馆对于记录行业文化、恢复行业信心乃至协助恢复社会整体信心的作用逐步为人所重视，让"博物馆是'社会非必需品'"的说法不攻自破。

本文结合博物馆界及上海中国航海博物馆（以下简称'中海博'）在疫情期间及之后所推出的公共服务措施，从相关理念的理论探索、具体活动形式、实践路径等方面出发，探讨后疫情时代行业类博物馆公共服务的发展新方向。

一 疫情期间博物馆公共服务及社会对文化需求的心理简析

疫情期间，国内外的博物馆纷纷将"线上公共服务"作为应对疫情影响的主要方式，在保障公共文化服务供给、满足人民的文化需求等方面发挥了重要作用。

（一）疫情期间博物馆公共服务略述

从 2020 年初全国范围的居家隔离开始，直到今天，疫情影响还在持续且没有消退的迹象，可谓是一场"持久战"。"在这场持久战中，博物馆所面临的困境体现在三个层面：第一个层面是'应急'，即如何在博物馆闭馆期间调整工作预案，继续为公众提供博物馆参与体验；第二个层面是'恢复'，即如何在博物馆重新开放以后满足观众对博物馆的期待；第三个层面是'提升'，即博物馆在后疫情时代如何能够保持发展。"

2020 年初，国内外各家博物馆就因疫情问题纷纷实行闭馆政策。此时，原本作为"配角"的以互联网为技术支撑的数字化推广成为国内外博物馆的"新型"服务方式。其中的"线上展览"成为各大博物馆运用最广泛、收效最佳的服务模式。包括在线虚拟展览、数字全景展厅、博物馆大数据平台、文物数字化展示项目等多种类型在内的网上展览，通过虚拟技术打开展馆，为公众提供文化盛宴，同时开放社交媒体平台吸引网友及媒体积极参与、分享、讨论与评价。其中集大成者是国家文物局组织的全国博物馆在线展览项目，该项目陆续推出两千余个在线展览，如中国国家博物馆的"展览线上数据库"、故宫博物院的"全景故宫"、敦煌研究院的"数字敦煌"、西安秦始皇陵博物院的虚拟展览平台等。2020 年春节期间为例，博物馆网上展览总浏览量超过 50 亿人次。"九小时内曝光 6400 万次，视频播放 2800 万次，网络话题突破 2.5 亿次，受到公众热烈欢迎和高度评价，做到闭馆期间温情不打烊、精彩不缺席。"

国外博物馆在疫情期间的尝试同样精彩，如俄罗斯圣彼得堡的艾尔米塔什博物馆与苹果公司合作推出了虚拟参观服务，用一个超长镜头的视频，五小时的时间展现了整个艾尔米塔什博物馆及其几乎所有重要藏品。

除展览外，在线教育活动也成了疫情期间线上服务资源的重要组成部分。如上海中国航海博物馆闭馆期间推出了"大航海之旅"文物赏析系列，分为"古船流变""战舰船模""航运发展""航海人物""红色航运"等章节，挑选馆藏精品，对其进行全面的解读和阐释；除了常规的文字＋图片形式外，还有以声音表现形式为主的听书栏目、以及独具航海特色的"帆船模型训练营"线上科普系列视频，邀请世界航海模型锦标赛帆船项目世界冠军讲解包括帆船起源、竞赛模型分类、帆船基本构造、驶风原理、帆船训练实战、模型调整维护、帆船模型赛事规则等在内的帆船基本理论和操作原理；中国园林博物馆将线上课堂分为"观展""品珍""听苑"和"赏景"等四部分，每周滚动推出；以中国科技馆为代表的 147 家全国科技馆、博物馆则通过微信公众号在全国发起科学实验 DIY 挑战赛，让孩子在家就可以体验科学的奇妙之处。

"直播"作为当下最火热的传播媒介，同样成了疫情期间博物馆提供服务的线上渠道之一，其具有的"实时性""互动性"等特点产生巨大的传播效能。如世界文化遗产布达拉宫携手淘宝推出"云春游"直播活动——"云游世界屋脊的明珠"。直播仅仅一小时，总计观看人数达 92 万人次，超过了布达拉宫全年客流量的一半以上。

疫情稍稍缓解之后，故宫博物院进行了十余场网络直播。这些直播大致分为故宫整个开发区域的四季风景导览性直播、新展开幕配套等综合性直播及读书专题性直播，全网总播放量近 5 亿。2020 年 6 月，文旅产业直属实验室发布中国世界遗产新媒体传播力指数榜单，故宫博物院位列 2020 年中国世界遗产新媒体综合传播力 TOP10 中第一名。

（二）社会对文化的需求因疫情而受到影响

经过疫情的影响，从意识层面到实践层面，社会对文化的需求有了较大的变化。文化需求的激增呈现出"多元化、高增长、强辐射"的特点。

首先是"居家隔离"加速了对互联网内容的需求。由于疫情的影响，依赖人员聚集的线下文化行业出现了明显的萎缩，但线上服务却呈现井喷状态。这并不是因为社会的文化需求减少导致，而是被压抑的文化需求在线上找到了突破口。据多家机构发布的 2020 年第一季度传媒行业的研究报告显示，受疫情影响，公众逐渐养成了为优质内容买单的习惯。可以想见，线上文化需求给平台带来巨大流量的同时，也催生出了各类新型文化经济模式，大幅扩展了内容需求的规模。数字内容领域的布局成为文化行业发展的重要方向。其次，公众对文化中"娱乐"属性的需求有了质的改变。疫情的发生，使得活动空间和范围骤然缩小，"娱乐"成为公众日常生活的重要组成部分，但同时也发生了质的变化，即对"娱乐"的要求不再是"打发时间、放松"，而是对其中的深度、慰藉和储备有了一定的要求。在此基础上，"有知识""有内涵"的线上文化产品需求量激增，原先以线下服务为主的文化行业纷纷在线上发力，博物馆也不例外。

这些面对线上需求端而推出的文化资源具有"不间断、系列化、多样性、时效性、互动灵活"的特点，面对具有"分层化、复合化、散客化、个性化"等特点的受众，在服务的同时，建构起知识体系，深化价值认同，唤起更高层次的情感共鸣，帮助恢复受到疫情影响的社会心理。

二 上海中国航海博物馆疫情期间公共服务情况简介

上海中国航海博物馆是由国务院批准设立的第一家国家级的航海博物馆。2005年，国家开展"郑和下西洋600周年"纪念活动并以此为契机筹建中国航海博物馆，2010年7月5日正式对外开放。一直以来，上海中国航海博物馆以"弘扬中华民族灿烂的航海文明和优良传统"为办馆宗旨，提供各类公共服务。

（一）上海中国航海博物馆常规公共服务简介

疫情之前，上海中国航海博物馆提供的公共服务主要以"线下现场体验"为主，包括常设展、临展以及围绕各种展览所衍生的讲解、手工制作、家庭日、周末课堂等各类特色活动。除此之外，上海中国航海博物馆结合馆内外各类资源策划赛事类、"主题节日"类、演出类、读物类、馆校合作类、研学类等面向社会各层面的公共服务。线上服务则主要集中在官网及官微两种主要平台，其中的版块设计、内容生产与发布频次相比线下活动而言则属于配角地位，显得较为平淡。

（二）上海中国航海博物馆在疫情期间提供的公共服务

面对突如其来的疫情，中海博迅速调整，以更加多元化形式提供更加行之有效的服务。

1. 线上服务不断深化创新。闭馆期间，"线上"成了上海中国航海博物馆公共服务功能发挥的着力点，包括直播、短视频纪实拍摄、视频互动、线上互动游戏等多样化的形态，使得上海中国航海博物馆的社会服务效益不因疫情而中断。

如，疫情发生后，上海中国航海博物馆闭馆不闭展，积极响应国家文物局号召，利用互联网技术打造线上服务生态，打造"长三角非物质文化遗产大展"线上全景展览，由官方微信进入虚拟展厅，品味航海文化与非物质文化的趣味碰撞，同时载入"网上看展"系列主题文章与展览专项语音导览，详细介绍展览中的传统非遗项目和重点展品信息。

　　除线上展厅外，上海中国航海博物馆结合各类展览、品牌活动、上海市级活动等馆内外资源，用直播的形式不断对外宣传推广。如"云游中海博"分四个时段、四个场次推出，涵盖了上海中国航海博物馆内航海历史、船舶、航海与港口、海事与海上安全、海员、军事航海六大常设展馆内容；将博物馆和上海市海洋管理事务中心、上海市档案局共同主办的"港为城用·城以港兴：近代上海城市与海洋的交融"展览纳入市级"红色起点再出发，初心使命永不忘"红色场馆系列5G直播活动中，进一步服务国家战略、服务上海建设发展、服务社会公众文化需要。

　　"短视频"以其短小精干的优势，成为线上服务的重要方式之一，上海中国航海博物馆联合上观新闻发起"上海航运文化地标巡礼"系列活动，选取上海本土航运文化地标，以发布专题短视频、线上直播等形式，深耕上海丰富的航运文化资源，涵养市民理解并热爱海洋的土壤，树立"文化即身份"的理念；在国际博物馆日前夕发布纪实性短视频《寻找下一个传承人》，普及古代船模的建造知识。

　　互动类游戏具有参与感和趣味性，如上海中国航海博物馆设计发布了"航海非遗知多少""舰长训练营""造起来！我的大航海！"等H5小游戏，通过开发线上互动类产品，进一步丰富文化服务种类。

　　博物馆正常开馆之后，各类线上服务形态更是不断优化，使之从"应急"的初衷，转为常态化并成为博物馆立体式体验的重要组成部分。

　　2.展馆的升级优化。实体展厅是博物馆提供线下服务最重要的平台，是博物馆发挥社会功能的主阵地，不断优化展厅是其中重要的抓手。上海中国航海博物馆主要从"常设展更新"及"建立分馆"两方面着手，提升服务能级。随着入藏文物的增加、学术研究的深入、展示科技的不断进步及观众需求的不断提升，上海中国航海博物馆优化了若干常设展馆，如联合中远海运船员管理公司对"海员馆"进行了改造，新增展示了大量的珍贵实物；与相关航运公司合作调整优化了"航海与港口馆"的展厅布局、展览线路、环境布置及展品展示。

　　除此之外，分馆建设也成为博物馆进一步深化社会服务的重要举措。"长城191号"是我国第一代自主设计、研制的035G型常规潜艇，也是长期战斗在祖国南海海域、守卫蓝色国土的"水下蛟龙"，承载了我国一个时代国防工业体系发展和历史的记忆。经中央军委批准，海军调拨"长城191号"潜艇至上海中国航海博物馆，在此基础上，上海中国航海博物馆在市区开设分馆，既丰富了博物馆馆藏和展示内容，又弥补了地理位置偏僻导致的博物馆公共服务物理空间辐射效应不足的弱势。

　　在疫情得到控制，博物馆陆续对外开放之后，其社会服务功能以线上、线下共存的状态进行。上海中国航海博物馆在疫情其间，利用网络技术提升服务效能。在疫情稍有缓解后实行分时段门票预约，兼有信息采集、动态监控、追根溯源等功能，缓解博物馆瞬时接待的压力，推进博物馆复工复产。

3.活动的不断优化转型。新冠肺炎疫情不仅对馆内社会教育活动产生较大影响，也不可避免地对博物馆与学校开展馆校合作提出挑战。为减轻疫情对于博物馆青少年教育活动的影响，深入了解学校的出行意愿，中海博面向98所合作学校，展开疫情后的《关于青少年校外社会实践活动的调研》，进一步掌握馆校合作学校的基本情况、后续参与博物馆线上、线下教育活动的意愿以及对于博物馆社会教育活动的意见和建议。此项举措夯实合作基础的同时，创新合作的切入点，为后续社教活动的开展提供参考依据。上海中国航海博物馆根据调研结果去芜存菁，保留巡展到校、教师培训等子项目外，新增有定向线上活动等内容。

除此之外，上海中国航海博物馆还创新举办线上知识竞赛。上海中国航海博物馆联合上海科技馆等11家单位，牵头推出"新型冠状病毒肺炎科普知识线上有奖竞答"活动，让观众在答题过程中进一步掌握新冠肺炎等流行病学知识，协助建立"抗疫"信心；2021年上海中国航海博物馆主办第三届全国航海科普知识竞赛，结合2021年中国共产党成立100周年，上海中国航海博物馆将航海知识与百年党史相结合，揭示红色中国和蓝色航海的血脉关系，以重温历史沿革、赓续红色基因、凝聚奋进力量。竞赛得到全国人民的参与，取得了良好效果。

与此同时，上海中国航海博物馆进一步开拓与馆外资源的合作，如进行2020年"科学之夜"线上特别节目、参与科学魔方、博物宝儿、混知（混子曰）联合主办的"博物探险家"公益演讲等各类活动，秉承共享、共建、共赢的理念，创新活动形式的同时，进一步扩大公共服务覆盖面。

三 后疫情时代行业类博物馆公共服务发展探讨

博物馆公共服务随着时代的发展而发展，无论是核心理念的创新深化、科学技术的进步还是实践探索的尝试，这三者互为因果、相互影响，进而为博物馆的公共服务打下不同时代的印记。后疫情时代因其特殊性，成为博物馆公共服务发展中较为独特的阶段。

（一）互联网视域下的"以人为本"服务理念的进一步深化

现代博物馆诞生于西方社会，于17世纪末开始走入公共生活。19世纪末，"以人为本"的理念开始萌芽。随着时代的发展和社会的进步，博物馆与公共的尊卑关系逆转，催生出了博物馆学，"以人为本"的理念辐射至博物馆的方方面面。我国在20世纪80年代引入这一理念，并逐步被社会所接受。从这些年博物馆界的发展情况来看，"以人为本"是一个不断深入的立体化的动态理念，从浅至深可分为"提高基础服务""创新传播方式"及"构建展品信息"。现代博物馆的"基础服务"包括餐厅、休息区、寄存处、工作人员等软硬件设施，是"以人为本"这一理念的浅层理解。随着网络时代的来临，"基础服务"中又包含自动售票机、数字设备、无线网络等基建，使得观众能够无障碍地舒心地使用博物馆。在"创新传播方式"层面，则是"鼓励观众成为主动的参与者，而非被动的消费者"。如今的观众不再只满足于静态的参观模式，而是更加期待主动参与，同时感到身心愉悦。博物馆展览中各类互动装置、体验设备的出现就是博物馆帮助观众进行参与的一种手段和途径，给观众带来成就感和满足感；"构建展品信息"是"以人为本"理念的核心，通过研究、转化和构建，将博物馆内的"物及其所蕴含的信息"与观众产生联结，激发观众的想法和情感。

在互联网加持的文化需求视域下，博物馆公共服务的"以人为本"原则更具时代特色。文化需求的升级迭代可以看做是马斯洛"需求层次理论"的具象体现。根据该理论，人类需求从低到高按层次分为五种，分别是：生理需求、安全需求、社交需求、尊重需求和自我实现需求。文化需求可以看做是"消费版马斯洛理论"的上层，参与文化需求的公众意在满足社交、尊重及自我实现等高层次目标。

"服务"作为一种多层次、体系化的体验供给，最终是以链接用户、资源、行为和情境为主要路径，实现服务与用户的价值共同体现。在以"人工智能、大数据"等互联网科技的驱动下，博物馆的服务理念加入了互联网的思维因子，"用户情感体验、多维交互设计"等跨界理念的加入，使得博物馆服务在形式技术层面进一步创新，提高服务能效，如，通过用户采集、构建大数据库获取用户的体验规律和模型参数来对服务基础进行数据支撑；通过优化交互体验形式来挖掘用户行为特征与服务反馈，实现人本与服务的融合；运用人工智能进行受众情绪与情感分析，实现服务价值的传递，实现"进入用户的心灵"这一博物馆服务的最高境界。

（二）数字化将成为博物馆未来发展的重要引擎，公共服务形式数字化转型不可避免

国家文物局《关于新冠肺炎疫情防控期间有序推进文博单位恢复开放和复工的指导意见》〔文物办函（2020）190号〕明确提出："继续利用数字资源，通过网上展览、在线教育、网络公开课等方式，不断丰富完善展示及内容，提供优质的数字文化产品和服务。"由此可见，"推动博物馆数字文化资源开放机制建设，强化博物馆在线服务功能必将是未来一段时间博物馆事业发展的一项重要内容。"经过一年多的实践及疫情的后续影响，"线上"将继续成为博物馆公共服务的主要抓手并呈现出线上、线下活动深度融合，构建多元公共服务体系的态势。博物馆数字化转型的涉及面还有很多，最终的目标是"数字元素到数字系统的完美闭环"。

"互联网＋"时代的到来，催生了大数据、云计算等多种新兴信息技术与各行各业相结合的新浪潮，博物馆行业更是如此。新技术的加持赋予了古老、严肃、厚重的文化遗产新的生命力和传播活动力，同时也让信息网络技术在博物馆业务各个方面的应用进一步普及，数字化能力进一步加强。数字手段的介入重构了博物馆的文化生态系统，使得博物馆的学习场域、文化空间、社群组建等模式更加立体化。其中，"短视频"及"云观展"为主要驱动引擎，带动博物馆整体数字化、智慧化发展。

"短视频"以其年轻化、去中心化及表现形式丰富等特点，风靡整个网络。根据 CNNIC 第 47 次《中国互联网络发展状况统计报告》显示，截至 2020 年 12 月我国网络视频用户规模达 9.27 亿，较同年 3 月增长 7633 万，占网民整体规模的88.3%。其中不乏文博题材的身影，以哔哩哔哩网 2020 年推出的"云讲国宝"为例，两个多月内有 1200 多个文物短视频参赛，全网曝光量为 3 亿次，部分作品的浏览量为数十万。

文博类短视频具有"知识性、创意性、情感性"等特点，有着很大的发展空间，但同时它的设计思考维度也较其他类型的短视频更加多样，包括概念思维即明确自己要做什么，且用视频形式进行精炼表现；其次要从观众角度进行对作品各方面进行分析；再次是价值思维，内容为王，质量为王，展示的不仅仅是信息、故事，更是民族文化、民族精神。由此文博类短视频才能走上一条粗放式到精细化、专业化再到公共协同的生态发展路径。

疫情闭馆期间，博物馆的线上数字展览成了为观众服务的主要方式之一，如果说最开始是迫于疫情转为线上，那么随着线上展览这种模式的常态化，加上技术发展成熟，数字展览不再是线下展览的线上转化，而是单独成了新的展览形式之一。

一般而言，线上展览主要由两种形态，一是简单的数据发布，如常设展或临展的图文、短片介绍等；二是空间营造，通过虚拟再现展览场景、模拟参观情状。博物馆应当主动探索"双线驱动"型展示路径，针对线上线下展览的功能分化成不同的展示策略，线下展览回归藏品的研究和诠释，线上展览以此为基础进一步衍生、拓展，构建网上展览与传统实体展览的相互支撑、互为补充的新型知识生产与传播体系。云展览的本质是重塑了观众和展览之间的沟通模式，最重要的是输出内容，构建价值观。观众需要的不是一个简单的陈列，更多的是一个顺畅便利的使用体验，精巧有吸引力的故事线以及深度参与的互动感。从某种程度上来说，线上展览改变了博物馆常规的展览策划的底层逻辑和思路，并以此为基础让博物馆实现新身份的转变。

（三）专注行业，垂直发力，加强"行业文化中枢"建设

"博物馆作为社会的一部分，是社会的产物。"无法断裂的纽带，让博物馆成

为社会心理的稳定剂，疫情肆虐期间，博物馆推出的各类活动全方位地展示了中华民族数千年的文明精华，进一步增强了民族的自信心和凝聚力，不仅起到了稳定社会心理状态的作用，更是促进了全社会战胜疫情的信心和动力。

不同的博物馆展示内容各有侧重点，行业类博物馆更是对本行业的价值推广有着不可忽视的责任和义务，并且发力方向更有针对性。"行业博物馆，顾名思义，它的收藏领域、研究与展示范围主要集中于历史上曾出现过并形成了一定规模与影响力，在当今社会尚存或正在逐渐从人们生活中消失的各行当职业的历史见证物。作为专业博物馆中的一个类别，其特殊性与存在的意义恰恰就体现在对行业文化特有的呵护上。"行业类博物馆作为博物馆行业中特殊的类型之一，虽然发展起步较晚，但却是非常重要的组成部分，并且其数量和质量正在持续提升中。2020 年第四批国家一级博物馆中，行业类博物馆数量达到了 16 家，占比 21.6%，而前三批等级博物馆中，行业类博物馆占比仅为 9.2%。行业类博物馆具有"承载行业历史、记录行业今天、增加行业内部交流借鉴"的重要作用。从某种程度上来说，行业博物馆在"行业文化"内具有链接性，它应当与行业的方方面面发生关联，充分发挥交互、联通和融合的功能。

疫情的发生对全球的航海业造成了巨大的影响，中国的航海业也不可避免地受到极大的冲击。作为以"航海"为背景的行业类博物馆，上海中国航海博物馆垂直用力，提供有针对性的文化服务，襄助行业信心的重建：如，举办"航海生活节"，将航海科技主题展、航海互动体验区、航海名人讲坛、航海知识课堂，以及航海类大赛等内容充分融合，打造航海类节日品牌，推广航海文化；有针对性地征集与航海业相关的抗疫实物，记录相关行业在疫情期间受到的影响和变化，以保留这一特殊历史时期的珍贵行业记忆，充分发挥历史记录者的作用；举办各类行业相关主题论坛及展览，如"21 世纪海上丝绸之路高峰论坛"等行业高层次主题论坛、2020年联合港航机构举办"向海而兴·扬帆远航：上海国际航运中心建设成果展"、2021 年联合多家港航机构举办"红色记忆·蓝色航海：庆祝中国共产党成立 100周年特展"等。以上措施都有效提升了航海业在全社会的显示度。

四　余论

目前，"到博物馆去"成了现代社会的新风尚。随之而来的，是身处后疫情时代我国博物馆服务需求发生了深刻变化，具体表现在博物馆社会功能发生了新变化、博物馆管理方式面临着新的调整以及博物馆在保护文化多样性和促进文明交流的独特作用更加凸显。博物馆要走出疫情带来的困境，短时效的应急措施固然必不可少，但着眼于正确把握后疫情时代公众对博物馆的需求并随之系统地、持续地对博物馆工作做出调整，制定使其更适应社会发展的对策，才是应有之意。

参考文献

[1]Supporting museums: UNESCO report points to options for the future.[EB/OL].https://www.unesco.org/en/articles/supporting-museums-unesco-report-points-options-future.

[2] 沈辰 . 新冠疫情下的博物馆：困境和对策 [J]. 东南文化，2021(2):7.

[3] 关强 . 面对突发公共事件，全国博物馆交出了一份令人满意的答卷 .[EB/OL]https://www.sohu.corn/a/393932573_426335.

[4] 布达拉宫首次进行网络直播 1 小时内 92 万人次网上游布宫 [EB/OL].https://new.qq.com/omn/20200302/20200302A0UJK600.html.

[5] 中国世界遗产新媒体传播力指数发布 [N] 中国旅游报，2020-06-12(2).

[6] 李晨、耿坤 . 关于博物馆数字文化资源开放机制建设的讨论 [J]. 中国博物馆，2020(2):2.

[7] 杨玲 . 当代西方博物馆发展态势研究 [M]. 潘守永主编 . 北京：学苑出版社，2005:19

[8] 杨怡 . 关于发展行业博物馆必要性及意义的思考 [J]. 东南文化，2002(11):59.

Turn the crisis into opportunities

——Discussion and exploration of the industry museums service pattern in the Post-Pandemic Era

Kang Danhua, China Maritime Museum（Shanghai）

Abstract：2020, the covid-19 pandemic has placed a profound impact on the world and caused a series of direct crises and challenges. As a special museum type, industry museums are aimed to record the development process of the related industry. Because of the pandemic, industry museums face the issues that they must adapt to the crises by changing the service pattern to turn the crises into opportunities. The example of the China Meritime Museum illustrates the attempt that how an industry museum explore the path to a high-quality development in Post-Pandemic Era.

Key words：Industry museums; Post-Pandemic era; Public service; New pattern

后疫情时代博物馆教育工作的新方法

上海市青浦区博物馆 彭文娟

摘要： 2020 年，突如其来的新冠肺炎疫情对全球各行各业产生了不同程度的影响。对于博物馆行业而言，疫情对博物馆在运营方面尤其是社会教育工作的开展产生了一定阻力。文章分析了疫情后博物馆的现状，提出了疫情后博物馆教育工作面临的挑战，分别从线上和线下探讨了博物馆在后疫情时代如何化危为机，找到新的工作方法。通过拓展新媒体渠道、创新展陈模式、建立馆校合作等途径阐述博物馆在疫情后采取的具体措施和方法。文章最后提出了博物馆教育工作新方法中遇到的问题并给出相关建议，以求应对当下公众需求和新技术背景下博物馆工作的挑战，推进后疫情时代博物馆教育工作的高质量发展。

关键词： 后疫情时代 博物馆教育 新媒体 展陈模式 馆校合作

引言

　　"在新的时代背景下，博物馆除了是传统意义上收藏、保护与展示文物的机构外，更是进行文化教育的重要机构。"[1] 博物馆教育是博物馆利用馆藏资源通过多种方式向公众提供自我提升的教育服务，具有直观性、自主性和社会性的特点。博物馆教育对象是全年龄段的终身学习者，学校教育的对象则是特定学龄段的学生，这形成了博物馆教育与学校教育的区别。博物馆是一座城市最直接的文化交流接口，也是最直接了解一座城市有关历史发展和学习文化艺术的重要基地，具有其他场所不可替代的作用。在新冠疫情的影响和冲击下，全球博物馆正积极提出应对措施和

---

[1] 程希.新媒体时代下博物馆文化传播现状分析——以湖北省博物馆文化发展为例 [J].北方传媒研究 ,2019(06):83-86.DOI:10.19544/j.cnki.bmyj.2019.0148.

工作新方法，寻找纾困之道应对新的变化和挑战。

一　后疫情时代博物馆现状

2020年新冠疫情导致全球近90%博物馆采取闭馆措施，其中近13%的博物馆可能永久关闭。在疫情常态化情况下，各大博物馆开启了"开馆／闭馆"的切换模式，人工讲解暂停、原定的临时展览延期、社教活动取消等，种种现实情况给原本的博物馆服务工作按下了暂停键。随后，博物馆专业人士迅速采取行动，加紧在线服务的开展，提供云展览和云参观服务。从目前情况看，我国率先度过了新冠肺炎疫情最艰难时期，各大博物馆从环境、健康、安全等方面着手，正进一步优化开放服务功能，在疫情防控的同时保证博物馆的正常运行。

二　后疫情时代博物馆教育工作面临的挑战

中山大学王竹立教授对后疫情时代的定义为："所谓后疫情时代，并不是我们认为的疫情完全消失，而是疫情时起时伏，随时都有可能爆发，而且会延续较长时间。"面对新冠疫情这场"持久战"，博物馆教育工作面临的挑战主要有以下几个方面：

一是"应急"，即在疫情常态化情况下的突发应急预案。博物馆根据疫情及时调整公众服务功能，比如是否采取闭馆或限流；场馆日常防疫管理；临时展览是否需要延期；线下社教活动的人数限制或场次的改变；防控、应对措施等第一时间对外发布，确保公众及时获得等一系列应急措施。

二是"恢复"，即在恢复开放后，如何吸引公众重新走进博物馆。观众是博物馆的主要服务对象，观众数量的多少是衡量博物馆水平高低的标准之一。疫情发生以来，各大博物馆实行限制人流量政策，减少了文化传播对象的人数，一定程度影响了博物馆职能的发挥。在博物馆恢复开放后，相应的线下服务也要进行升级变革，使博物馆行业逐渐复苏。[1]

三是"重塑"，即在后疫情时代博物馆对于自身发展方向，开启新思考，探索新模式，提出新方案。博物馆工作人员要深入思考疫情防控常态下博物馆教育工作的长期发展方向和运行管理，于变局中谋新局，化危为机。

---

[1] 沈辰.新冠疫情下的博物馆：困境与对策[J].东南文化,2021(02):6-9.

三 后疫情时代博物馆教育工作新方法的探索

据统计，有不少观众是因为疫情期间博物馆的线上线下推广而关注博物馆，这展现了博物馆的文化潜能在疫情期间得到了更广泛的认知，凸显了人民和社区对文化的需求，同时也说明了博物馆在危机下的创新文化传播方式获得了一定成效。现代博物馆的教育功能在教育对象和教育形式上都发生了变化，疫情后，许多博物馆改变了原有的社会服务和教育方式，通过线上线下融合方式寻求疫情后博物馆教育工作的新发展。

（一）拓展新媒体渠道，优化传播途径

数字时代，博物馆文化传播方式正在发生变化，特别是疫情后，新媒体文化传播技术加速了博物馆行业的发展，从根本上丰富了博物馆疫情后的传播方式，为博物馆的教育工作带来了新的活力。

"新媒体是相对于传统媒体而言的。传统媒体主要包括报刊、户外、通信、广播、电视等，而新媒体是在信息技术时代，在新的技术主导下应运而生的一种全新的媒体形态，利用数字、网络、移动技术，通过互联网，并且运用数字电视机、电脑、手机等设备，向用户提供信息和娱乐的传播形态和媒体形态。"[1]

2020年因新冠疫情闭馆期间，中国国家博物馆、敦煌研究院、南京博物院等三十多家国内知名博物馆在各大网络平台举办直播，率先带领博物馆行业打开新媒体渠道。鼓励和引导全国文博单位运用新媒体传播手段和数字化技术，对加强文物宣传传播，探索多样态、多渠道、多元素的文化传播具有积极作用。

当传统文化与现代科技相碰撞，博物馆就被赋予了新的生命力。新媒体传播开启了各大博物馆与公众新的交流渠道。目前，博物馆推出的新媒体传播方式主要有以下几类：一是社交媒体类，也是观众关注度最广泛的，主要是利用官方微博和微信公众号，通过社交媒体发布博物馆各类信息和通知，实现文博信息的多元化、可视化、扁平化表达，从而吸引观众走进博物馆。同时微信公众号兼具了参观预约、活动报名等功能，实现了博物馆线上化服务。二是在线直播类，主要是直播场馆讲解、在线讲座和线上直播课程等，直播是因疫情创新推出的一项博物馆在线服务模式，可以通过直播形式和观众在线互动，打破了地域和人数的限制，形成在线体验。三是短视频类，主要通过抖音、快手、视频号等平台传播，受到年轻人的青睐，博物馆通过创作知识性和趣味性兼具的文博短视频方式，直观、快速地向观众传递文化信息。四是虚拟展厅，通过数字技术对博物馆展览原貌进行采集、加工，制作成

[1] 张佳佳.论数字移动新媒体—手机媒体 [J].现代装饰（理论），2012(06):157-158.

360度全方位数字展览，通过微信或官网等渠道传播，突破时间和空间的维度，给观众独特的观展体验和视觉享受，打造永不落幕的云展览。

随着大数据、云计算、人工智能等新技术在博物馆推广应用日益加快，博物馆现代化、智慧化水平也不断提高。后疫情时代，博物馆数字化形式已经成为未来博物馆发展的必然趋势。博物馆行业应加快推进智慧博物馆和数字化体系建设，推动文物信息数字化，文化传播全媒体化，建立成熟的网络展览和传播方式，用科技让博物馆"活起来"。

（二）适应新时代观众，创新展陈模式

后疫情时代，随着博物馆线下教育功能的逐渐复苏，如何让流失的观众重新走进博物馆是博物馆工作人员需要考虑的问题。博物馆的发展，其实就是社会的发展，博物馆人要跟上时代，发现博物馆发展的新机会和新可能，以及如何跟新的时代、新的人群去建立新的关联方式。

博物馆对于观众来说已经和早年不同，在早期，博物馆作为公众教育机构，观众只能走进博物馆安静的观展和欣赏文物。而如今的博物馆观众不再是文化的"旁观者"，他们有更多的方式与博物馆近距离接触，观众角色由原来的被动参观者转变为主动参与者，更加注重互动性和学习性。

博物馆观众主要分为两大类，一类以休闲娱乐为主；一类以获取知识为主。以休闲娱乐为目的的观众注重博物馆的参与度和体验度；以知识性为主的观众则更加重视展陈内容的阐释、文物内涵的发掘。所以，为了让更多观众重新走进博物馆，满足不同人群的不同参观目的，需要博物馆人以观众需求为导向，适应新时代观众，创新展陈模式。

其实近几年博物馆的展陈与之前相比已经有了改变，展览不再是单一的输出展示，而是更加注重教育方面的互动，展示和教育有了更多结合。一是加强博物馆研究能力建设。博物馆策展要用公众话语体系来讲述文物的动人故事，就是从根源上向观众诠释"它们为什么是美的"，而不仅仅是陈述"它们是美的"。深入挖掘和阐发藏品的历史智慧、当代价值和世界意义，以故事形式从文物的经历、用途、价值等方面全方位展示文物内涵，丰富和深化展陈内容，满足新观众的知识需求。二是调整展陈手段和技术。利用多媒体加大技术投入，以全新的视角和前沿的技术手段去呈现展览，比如让部分很难通过展品直观看到的内容，如文物功能、内部结构、不易看清的纹饰等信息，得以动态呈现，吸引观众驻足。三是注重沉浸式体验功能。要在展览策划之初就把教育互动和体验功能考虑进来，利用互动小游戏、全息投影、VR、AR等方式全面丰富观众的体验感，让观众可以身临其境感受历史，获得沉浸式体验。四是开展展览拓展教育活动。拓展活动是指围绕陈列开展的辅助性教育活

动，通过多样化和针对性的教育方式帮助观众对展览有全新的理解和解读，同时保持观众对博物馆的持续关注度，使更多观众多次走进博物馆、参与博物馆。

各种新技术的发展和应用改变了我们对展览的认知方式和观察视角。博物馆人要用现代科技手段追溯历史，用科技升级体验，用创新解读文化，提升博物馆的陈展水平，提高展览陈列的知识性、趣味性，创新展陈模式，讲好文物故事，做好文化遗产知识的专业化解读和大众化传播，让博物馆重新"亮"起来。

（三）建立新馆校合作，延伸教育阵地

为了解决因疫情限流问题带来的博物馆教育功能减弱的问题，后疫情时代，除了依托新媒体拓展传播途径以及创新展陈模式把观众"请进来"外，博物馆还要脱离传统场馆的束缚，主动"走出去"，把教育空间拓展到其他区域，特别是建立全新的馆校合作方式。

国家近年来针对文博、教育发出的系列政策和倡导，明确要求中小学利用博物馆资源开展相关的教育教学，完善博物馆与中小学校的合作机制，包括"双减""课后服务"等政策的落实，对博物馆在推动青少年教育，扩大博物馆教育资源覆盖面方面提供了良好契机。

博物馆和学校一样承担了教育的职责，一些博物馆专门重新研发了适合学生的系列课程，积极推出青少年教育项目，通过开发面向校园的教育项目、讲座、展览等活动为学校提供服务，利用博物馆资源开展研学及探究活动，推动博物馆和中小学教育相结合，丰富中小学的综合实践活动和课后服务。

博物馆要建立新馆校合作就要真正与中小学教育相结合，促进博物馆资源融入教育体系，充分发挥博物馆和学校各自的优势，使博物馆成为家庭与课堂教育的延伸。学校教师拥有丰富的教学经验，却缺乏文博专业知识，而博物馆工作人员对馆藏文物深有研究，但教学技巧和经验稍显不足。因此，二者应互为补充、相互配合，实行馆、校层面的双方需求对接，以双向需求为导向，建立全新的馆校合作。一是深化课本内容，建立相关性。自中小学"新课标"修订以来，国家更加重视学生在优秀传统文化方面的学习。博物馆课程设计，要充分结合学校最新课程标准与教材制定教学计划，重视课堂知识与博物馆教育内容的联系，把深远的历史文化与优秀的传统习俗相结合，拉进学生与博物馆的距离，让传统文化渗入学生的记忆。[1] 二是加强语言表达，增加趣味性。博物馆具有较强的专业性和学术性，对学生特别是低年级学生而言有一定的距离感，因此博物馆工作人员要转换语境，把历史知识用现代讲述方式呈现，避免长篇大论，用漫画、图片及视频等形式生动表达，激发他们的兴趣，引导学生读懂文物和历史故事。三是开展互动研学，提升实践性。博物

[1] 郑奕. 应用"相关性"原则改革博物馆对中小学的教育供给 [J]. 中国博物馆,2020(04):10-17.

馆开展课程要以学生为主体，以问题为导向，并通过互动调动学生的积极性，寓教于乐，使学生从被动学习转为主动学习，将文物知识和学科探究相融合，在研学探究合作中培养思辩、创新与协作等综合能力。本着提升学生综合素质的理念，重视学生的亲身体验感和动手实践能力，在参与式和体验式教学中完成博物馆历史课程目标，真正做到入眼、入手、入心。四是结合地域特色，注重个性化。博物馆要把藏品、地域文化知识与课程结合在一起，为孩子们提供针对性的学习资源，注重个体在博物馆教育中的学习需求，引领不同年级的学生结合博物馆资源对家乡历史文化进行学习。比如有些博物馆已经开始把馆藏文物和地域文化相关知识编成课外教材，选取有代表性的藏品，讲述本地区域的历史和文化。每个博物馆和学校都有自己的特色，在推进博物馆课程中不可能千篇一律，要找准自己的定位，量身定制学习课程与项目，为馆校合作打开一扇全新之门。

青少年教育是促进博物馆发挥社会教育功能的重要途径，社会公共教育是博物馆的职能之一，很多人认为博物馆是终身学习的场所，博物馆＋教育是大势所趋。疫情后的博物馆，不能等着观众上门，而应主动"走出去"，通过新馆校合作的方式使博物馆教育尽可能在广泛区域内形成覆盖，让博物馆"动起来"。

四 后疫情时代博物馆教育工作新方法的思考和建议

后疫情时代，博物馆在新媒体传播渠道、陈展方式和馆外教育等工作途径上的拓展，给今后的博物馆教育工作增添了新的活力，指明了新的方向。但同时，也出现了在新工作中存在的一些问题和需要改进的地方。

（一）馆际联盟，资源共享

疫情后，各大博物馆在寻找新方法的过程中会出现很多共性的问题，比如人才培养、技术更新、展览资源等问题，那么，是否能借助博物馆协会或联盟实现资源共享来有效解决博物馆的共性问题？

首先是人才的培养，博物馆的发展离不开人才队伍的建设，疫情后的博物馆工作各方面都亟需专业人才的加入和培养。因此，博物馆需要借助博物馆协会或联盟的力量实现人力资源的充分利用，通过集体培训或者邀请优秀博物馆人才到各个博物馆经验分享的方式，让中小型博物馆工作人员学习到更多优秀的博物馆管理、陈展、研究和服务的知识。

其次是技术的更新，通过协会或联盟可以定期组织优秀陈展思路和布展理念学习分享会，学习新颖的数字化展示方式，避免闭门造车，通过整合先进展示技术、配套设施经验等方式实现博物馆的全方位优化。

最后是展览的共享，展览交流或合作举办展览是整合文物资源、提升博物馆公共文化服务的有效途径，既提高了藏品利用率，又有利于推动博物馆间的协调发展，促进各层级博物馆友好互动、共同发展。

博物馆之间的合作所造成的影响力远超单独的博物馆行动，各区域博物馆应借助博物馆协会或联盟建立长期合作关系，借力打力，实现各馆间优势互补、资源整合、信息共享，提升博物馆行业整体水平，共同推动博物馆事业发展。[1]

（二）娱乐专业，有机融合

近几年，博物馆文化产品开始"萌化"，博物馆的传播话语体系也逐渐"萌萌哒"。年轻化的术语频繁出现在各大博物馆的宣传平台上，使得博物馆频频"出圈"，引起了博物馆界不少学者的反思。

博物馆的"出圈"并不意味着文化"出圈"，博物馆行业具有其专业性，传播博物馆文化时要和其他娱乐类文化有所区别，处理好娱乐性和专业性的关系，知识专业性依然是文博交流的基础。但娱乐性和专业性并不是对立的关系，要实现传统文化与现代表达的有机融合，相得益彰，既能展现文物专业内涵，又能给观众提供娱乐和认同感，最终才能达到寓教于乐的目的。娱乐性是博物馆文化传播的辅助手段，其最终目的是完成博物馆的社会教育功能，不能犯下喧宾夺主的错误，从而掩盖了博物馆馆藏文物自身的艺术魅力，毕竟流量是一时的，经典才能永流传。

（三）清晰定位，推陈出新

在"全民皆媒"的时代背景下，博物馆文化传播内容也唾手可得。以文博类短视频为例，自 2016 年短视频行业进入快速增长以来，以博物馆或文物为内容载体的短视频生产也日益呈现出丰富化的态势。那么，在众多新媒体传播中如何用更新颖的方式及时地抓住观众的眼球呢？

2021 年，河南卫视的推出的《唐宫夜宴》《洛神水赋》短视频迅速在各个网络视频平台广泛传播，引起了广大网友的疯狂转发及好评，河南频频因传统文化的创新传播而成为热门话题。

显而易见，能成为爆款短视频，绝不是形式单一的模仿，而是创新。河南卫视正是抓住了独一无二的中原文化特色，一方面在内容上花工夫，一方面在传播渠道上动脑筋。精品内容离不开文化的挖掘，更离不开时代和技术的赋能。一个博物馆必须有自己清晰的定位，抓住重点环节，把它做精、做强，做大，形成独特的优势和影响力，用最新的技术和理念与深邃的文化相碰撞，用年轻人新鲜的视角与古朴

[1] 杜雨婷 . 关于区域博物馆联盟制运营的思考——以长春市博物馆联盟为例 [J]. 中国纪念馆研究，2019(02):104-108.

的文化去碰撞，自然会产生出一眼千年，回味无穷的作品，让传统文化"潮'起来。

（四）线上线下，同频共振

随着数字化博物馆的不断推进，观众们摆脱了地域限制，一手掌握各大博物馆资讯，那么大家不禁要疑惑：将来，线上博物馆会取代线下博物馆吗？实体博物馆参观人流量会越来越少吗？

其实，不管博物馆新媒体文化传播做得多火爆，都是基于实体博物馆的展览和藏品，线上和线下博物馆应是相辅相成、互为补充的。线上以宣传为主，观众可用于随时观看和学习；而实体博物馆是立体开放的空间，一方面观众可以近距离观察文物的精美纹饰和做工，另一方面博物馆陈列展厅和灯光的布置，更多的是带给观众沉浸式体验。

如今，中华优秀传统文化在新时代展现出蓬勃的生机与活力，"到博物馆去"成为新风尚，"博物馆里过大年"成为新年俗，公众对文博知识的需求愈加旺盛。所以，线上博物馆并不会取代线下博物馆，而是通过线上宣传来吸引更多观众走进实体博物馆。博物馆的重要性质之一是公共性，其线上线下的融合发展目的就是让更多市民参与博物馆教育。

五 结语

新冠疫情对各行各业产生了不小影响，但一定程度上催生了新生事物的产生和发展。在当代，博物馆已经不仅仅是单纯的展览场所，而是社会城市发展的一张"名片"，被赋予了更多的社会文化价值。在后疫情时代，博物馆人迅速调整工作模式，开启了全新的思考，在危机中审视自己、寻求改变，从线上线下、馆内馆外多方面着手，形成可持续发展的博物馆教育工作新方法，让博物馆工作焕发新生。

The new methods of museum education in the post epidemic era

Peng Wenjuan, Qingpu Museum

Abstract：In 2020, the outbreak of COVID-19 had different effects on all walks of life in the world. For the museum industry, the epidemic has had a certain resistance to the operation of museums, especially the development of social education. This paper analyzes the current situation of museums after the epidemic. It puts forward the challenges faced by museum education after the epidemic, and discusses how museums turn danger into opportunity and find new working methods in the post epidemic era from online and offline. This paper expounds the specific measures and methods taken by the museum after the epidemic by expanding new media channels, innovating exhibition mode and establishing Museum School cooperation. Finally, the paper puts forward the problems encountered in the new methods of museum education and gives relevant suggestions in order to meet the challenges of museum work under the background of current public demand and new technology and promote the high-quality development of museum education in the post epidemic era.

Key words：Post epidemic era; Museum education; New media; Exhibition mode; Museum school cooperation

图书在版编目（CIP）数据

博物馆管理论文集 . 2022 / 上海博物馆 , 中国博协博物馆管理专业委员会编 . —— 上海 : 上海书画出版社 ,2022.12

　　ISBN 978-7-5479-2971-1

　　Ⅰ . ①博… Ⅱ . ①上… ②中… Ⅲ . ①博物馆—管理—文集 Ⅳ . ① G261-53

中国版本图书馆 CIP 数据核字 (2022) 第 222208 号

博物馆管理论文集 2022

上　海　博　物　馆
中国博协博物馆管理专业委员会　编

责任编辑	王　彬　朱孔芬
特约编辑	刘　婕
审　　读	雍　琦
封面设计	盛　况
技术编辑	包赛明

出版发行	上 海 世 纪 出 版 集 团 上海书画出版社
地　　址	上海市闵行区号景路159弄A座4楼
邮政编码	201101
网　　址	www.shshuhua.com
E-mall	shcpph@163.com
设计制作	上海波司达印务实业有限公司
印　　刷	上海展强印刷有限公司
经　　销	各地新华书店
开　　本	787×1092　1/16
印　　张	11
版　　次	2022年12月第1版　2022年12月第1次印刷
书　　号	ISBN 978-7-5479-2971-1
定　　价	128.00元

若有印刷、装订质量问题，请向承印厂联系 电话：021-66366565